Dynamo
3
Rouge

T0351580

Pearson

Published by Pearson Education Limited, 80 Strand, London, WC2R 0RL.

www.pearsonschoolsandfecolleges.co.uk

Text © Pearson Education Limited 2020

Developed by Justine Biddle
Edited by Melissa Weir

Designed and typeset by Kamae Design

Produced by Newgen Publishing UK
Original illustrations © Pearson Education Limited 2020
Illustrated by Beehive Illustration: Clive Goodyer, Gustavo Mazali, Martin Sanders;
KJA Artists: Andy, Mark, Neal, Sean; Andrew Hennessey; Alan Rowe
Picture research by Integra
Cover photo © Shutterstock/Sergii Molchenko
Songs composed by Charlie Spencer of Candle Music Ltd. and performed by
Christophe Hespel and Corinne Mitchell. Lyrics by Clive Bell and Gill Ramage.
Audio recorded by Alchemy Post (Produced by Rowan Laxton; voice artists:
Alice Baleston, Caroline Crier, Jean-Baptiste Fillon, Matis Hulett, Félix Mitchell,
Tobias Stewart, Albane Tanqueray, Clotilde Tanqueray)
The rights of Clive Bell, Gill Ramage and Lisa Probert to be identified as authors of this
work have been asserted by them in accordance with the Copyright, Designs and Patents
Act 1988.

First published 2020

24
10 9 8 7 6

ISBN 978 1 292 24886 8

Acknowledgements

We would like to thank Florence Bonneau, Nicolas Chapouthier, Barbara Cooper, Sylvie
Fauvel, Anne French, Françoise Grisel, Anne Guerniou, Isabelle Hichens, Hekmat Homsi,
Nicola Lester, Chris Lillington, Aaron McKenzie, Pete Milwright and Isabelle Porcon for
their invaluable help in the development of this course.

The publisher acknowledges the use of the following material:

Text

Module 1: p24 Groupe Flammarion: Flammarion: Extract from 'Amies à vie' by Pierre
Bottero, p13-14 © Flammarion jeunesse, 2001. ISBN: 978-2-0814-1095-4.

Module 2: p45 Groupe Flammarion: Adapted from "Claudine de Lyon" (Marie-
Christine Helgerson) © Ed Flammarion, collection Castor Poche 1996.

Module 3: p68 Mijade: Andriat, Frank, Journal de Jamila; © 2008, Mijade. **p72 Rageot
Editeur:** Rigal-Goulard, Sophie, Au secours, mon frère est un ado; © 2013, Rageot
Editeur.

Photos

(Key: t-top; b-bottom; c-centre; l-left; r-right; tl-top left; tr-top right; bl-bottom left; br-
bottom right; cr- centre right ; cl-centre left; tc-top centre; bc- bottom centre; m-middle)

Module 1: 123RF: Jens Gade 11; **Alamy Stock Photo:** Paramount/Courtesy Everett
Collection 06BL, Everett Collection Inc. 06BR, MBI 08BR; **Everett Collection:** Paramount
Pictures 06ML; **Getty Images:** Steve Granitz/WireImage 06TL, Noel Vasquez/Getty
Images Entertainment 06T, Stephane Cardinale/Corbis 06TL, Stephane Cardinale/
Corbis 06R, Jeffrey Mayer/WireImage 06TR, Katarína Gáliková/EyeEm 07TL, Conde
Nast Collection 07M, Muratkoc/iStock Unreleased 07TM, Hulton-Deutsch Collection/
Corbis Historical 07TR, SW Productions/Stockbyte 07BL, Thinkstock/ Stockbyte 07BM,
Worldphotosbypaola/iStock Editorial 07BR, SolStock/E+ 08TM, Loonara/iStock 08TL,
Jack Hollingsworth 08BL, Manuel-F-O/iStock 08TR, Hill Street Studios/DigitalVision
10ML, R A Kearton/Moment 11M, Tim Macpherson/Cultura 15TL, Petra Matjasic/EyeEm
15M, Shironosov/iStock 15R, Chalermpon Poungpeth/EyeEm 15BL, LightFieldStudios/
iStock 15BM, Serezniy/iStock 15BR, Michelle Pedone/Corbis 16, Richard Drury/
DigitalVision 19R; **Pearson Education Limited:** All artworks; Studio 8 11, Jules Selmes
17T, Gareth Boden 20; **Shutterstock:** DFree 06TL, Milica Nistoran 07BL, Shutterstock
08BL, Oneinchpunch 12BR, LightField Studios 13TL, Riccardo Piccinini 15TR, Vikulin
15TL, Thep Urai 15BL, Andresr 15T, Mentatdgt 16TL, Norb_KM 16TR, Dean Drobot
16M, RimDream 17BM, Galina Barskaya 21B, Shutterstock 22, William Perugini 22R,
Dean Clarke 23B, FashionStock.com 25R&L.

Module 2: 123RF: Photochicken 31; **Alamy Stock Photo:** Index Fototeca/Heritage
Image Partnership Ltd 30BL, Photo Researchers/Science History Images 30BR, The
Picture Art Collection 31, Ian Davidson/Alamy Live News 38; **Getty Images:** Nina Leen/
The Life Picture Collection 30, Fine Art Images/Heritage Images/Hulton Archive 31TM,
The Print Collector/Hulton Archive 31ML, Patrick Aventurier/Getty Images News/Getty
Images Europe 31M, Print Collector 31MR, Str/Afp 31BL, Hero Images 34BL, Sturti/E+
34BR, Stígur Már Karlsson/Heimsmyndir/E+ 37, Miriam-Doerr/iStock/Getty Images Plus
38TL, Donald Lain Smith 38BM, Hocus-Focus/E+ 38M, Donald Lain Smith 39TL, Donald
Lain Smith/Photodisc 39 TR, Patrick Aventurier/Getty Images News/Getty Images Europe
40, Sunwoo Jung/DigitalVision 41, Pixel_Pig/E+ 47, SolStock/E+ 51BL, Andresr/E+
51BR; **Newscom:** P J Hendrikse/MCT 31BR; **Pearson Education Limited:** All artworks;
Studio 8 37TR, Datacraft Co., Ltd 46; **Shutterstock:** Oskar Schuler 30BM, Paul
Cooper 31TL, Ajt 31BR, Shutterstock 34TL, Angelo Giampiccolo 34TR, Chaoss 34MR,
AshTproductions 34BL, Cheapbooks 35TL, Wavebreakmedia 35TR, Darren Baker 35TM,
Ayzek 36M, Prudkov 36MM, Metamorworks 38TM1, Aphelleon 38TM2, Dreamnikon
38BL, Nicemyphoto 38BR, Syda Productions 49.

Module 3: Alamy Stock Photo: dpa picture alliance archive 54TL, Jennifer Wright
54ML, BRUSINI Aurélien/Hemis 54BL, ITAR-TASS News Agency 65; **Getty Images:**
Corbis/Lawrence Manning 54TM, AMilkin/iStock 54M, iStock / Getty Images Plus/
Vasyl Dolmatov 54MR, Ullstein picture/ullstein picture / Contributor 54BR, Roger Viollet/
Lipnitzki / Contributor 55TL, Sygma Premium/Pierre FOURNIER / Contributor 55TML,
German Select/ Isa Foltin / Contributor 55TMR, Roger Viollet/Lipnitzki / Contributor 55TR,
Gamma-Rapho/ Lionel FLUSIN / Contributor 55BL, French Select/Bertrand Rindoff Petroff/
Contributor 55BMR, AFP/ GUILLAUME SOUVANT / Stringer 55BR, DUEL/Cultura 58,
French Select/Bertrand Rindoff Petroff / Contributor 59BL, Gamma-Rapho/Eric CATARINA / Contributor 59BR,
Sylvain Lefevre / Contributor 59BM, Gamma-Rapho/Eric CATARINA / Contributor 59BR,
iStock / Getty Images Plus/Wavebreakmedia 60TR, Corbis / Fuse 68TR, Stockbyte/
Comstock Images 70, Purestock 73BL, Guerilla 73BM; **Shutterstock:** Roman Voloshyn
54TR, Design Pics Inc 54DR, Lionel Urman 54DR, Nejron Photo 56 TR, KK Art and
Photography 60TL, Stockfour 60M, AJR_photo 65M, Oliveromg 70B, Shutterstock 73BR.

Module 4: 123RF: Marctran 95M; **Alamy Stock Photo:** Archive Image 78BL, Age
fotostock 80TL, Jf 81TR, Ajsissues 81BL, Gregg Vignal 81BR, Lenar Nigmatullin 82TL,
Goran Bogicevic 82TR, David Jones 97MR, Viennaslide 98B; **Getty Images:** E+/
asiseeit/ 96TR, Ivanna-Kateryna Yakovyna / EyeEm/ 97TL, Cinoby 78TL, NurPhoto /
Contributor 78TR, Image Source 78ML, Tunatura 78BR, Universal Images Group/BSIP /
Contributor 80BR, E+/ArtMarie 88TR, NurPhoto / Contributor 89TL, Gallo Images –
LKIS 93M, Universal Images Group/Jeff Greenberg / Contributor 96BL, **Shutterstock:**
Zeljko Radojko 78MR, Africa Studio 80TR, Mike Flippo 80BL, C.Lotongkum 83M, Rich
Carey 85M, StevenK 87B, Dragon Images 92M, B-1972 94M, Blend Images 93BL,
MasterPhoto 97ML, Filippo Giuliani 97BR. **Pearson Education Limited:** Jules Selmes
87MT; **Médecins Sans Frontières International (MSF):** © Médecins Sans Frontières
79TL; **L'Arche:** 79 BM; **Les Restaurants du Cœur:** 79BL; **Les Amis de la Terre:** 79BR;
World Health Organization: 91M; **Kate Mackinnon:** 97TR.

Module 5: 123RF: Graham Oliver 102TR, Igor Plotnikov 104TR; **Alamy Stock Photo:**
Moirenc Camille 103L, Eddie Iinssen 104L, David R. Frazier Photolibrary, Inc 107TR;
Getty Images: Comstock Images/Stockbyte 102TL, Gogosvm/iStock Unreleased 102BL,
Frankonline 102BM, Max Labeille/iStock 104R, Sorincolac/iStock 104BL, Hiroshi
Higuchi/Photodisc 104BR, LJM Photo 105R, Levente bodo/Momemt 106M, Luc Olivier/
Photononstop 107BL, Pgiam/E+ 109M, Marc Atkins / Stringer 112R, Mike Hewitt - FIFA
/ Contributor 112M, Pat Elmont - FIFA / Contributor 112L, 112R, PeopleImages/E+
112TL, Visionhaus/Getty Images Sport 112BR, Julien M. Hekimian TR, SIA KAMBOU/
AFP 117BR, Bertrand Rindoff Petroff 117BM; **Pearson Education Limited:** Jules Selmes
105L, Gareth Boden 102TC, 112M; **Shutterstock:** Jorge A. Russell 102BR, Leonid
Andronov 107BR, Tim Mosenfelder 110M, Ariel Schalit 112BL, Virginie Lefour/Belga; via
ZUMA Press 116TR, Maria Laura Antonelli 116BR, Souvant Guillaume/Nrj/Sipa 117BR;
O'Plérou Grebet: (111T, 111B); **Caroline Moireaux:** 114T; **Xavier Rosset (Swiss
adventurer):** 115TR.

À Toi: Module 2: Kameleon007/iStock/Getty Images Plus 122TR, Adamkaz/E+ 122BR;
Module 3: WireImage/ Chelsea Lauren / Contributor 123; **Module 4:** Gareth Boden 124B.

Websites

Pearson Education Limited is not responsible for the content of any external internet sites.
It is essential for tutors to preview each website before using it in class so as to ensure that
the URL is still accurate, relevant and appropriate. We suggest that tutors bookmark useful
websites and consider enabling students to access them through the school/college intranet.

Note from the publisher

Pearson has robust editorial processes, including answer and fact checks, to ensure the
accuracy of the content in this publication, and every effort is made to ensure this publication
is free of errors. We are, however, only human, and occasionally errors do occur. Pearson is
not liable for any misunderstandings that arise as a result of errors in this publication, but it is
our priority to ensure that the content is accurate. If you spot an error, please do contact us
at resourcescorrections@pearson.com so we can make sure it is corrected.

Table des matières

Table des matières

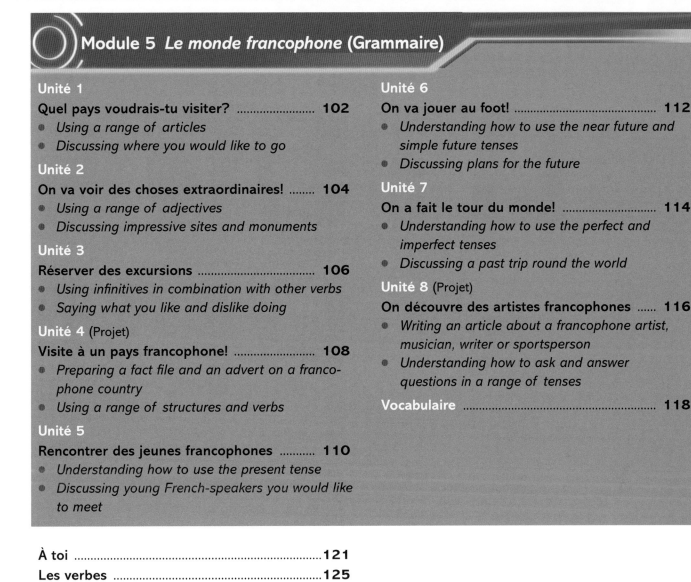

Module 5 *Le monde francophone* (Grammaire)

Mon monde à moi

1 Quels sont les passe-temps des célébrités?

These celebrities have unexpected hobbies. Can you guess who does what?

1  Céline Dion …

2  Ryan Gosling …

3  Rita Ora …

4  L'acteur Guillaume Canet …

5  La chanteuse Lorie …

6  David Beckham …

a  … aime aller à la pêche.

b  … collectionne les chaussures.

c  … pratique l'escrime.

d  … fait du patin à glace.

e  … aime tricoter.

f  … adore faire de l'équitation.

2 Trouve les paires d'amis de la littérature et de la culture française.

1  Tintin et …

2  Le Petit Prince et …

a les trois mousquetaires
b le capitaine Haddock
c le renard

3  D'Artagnan et …

La Journée Internationale de l'Amitié was created by the United Nations in 2011. It takes place on 30 July every year and is a worldwide celebration of friendship between people of different races, colours and religions.

France has produced some of the world's top fashion designers, including Coco Chanel, Yves Saint-Laurent, Jean-Paul Gaultier and Christian Lacroix. They created many of the styles and fashion items still worn today.

 Did you know that denim was invented in France?

It was first made in the town of Nîmes, in southern France. The name comes from *le serge **de Nîmes*** – serge (a type of hard-wearing cloth) from Nîmes.

3 Quel vêtement n'a <u>pas</u> été inventé par un créateur/une créatrice de mode français(e)?

le nœud papillon

la petite robe noire

le polo

la minijupe

4 Lis les phrases en verlan. Qu'est-ce que c'est en français normal?

Verlan is a type of French slang. It is popular with groups of teenage friends and it is used in some kinds of music, such as hip-hop. It involves swapping around the syllables in a word and/or adding or leaving out letters: e.g. *cimer* (*merci*).

1 ***Jourbon!***

2 Tu viens à ma ***teuf*** d'anniversaire?

3 J'adore écouter de la ***sicmu***!

4 Tu veux aller au ***féca***?

Point de départ

- Talking about likes and dislikes
- Using *aimer* (etc.) + noun or infinitive

1 Écoute et lis la carte mentale. Traduis en anglais les mots en gras.

a Quand je suis seul, j'aime **lire des BD** ou écouter de la musique, surtout du R'n'B. Je n'aime pas regarder la télé.

Salut! Je m'appelle Arnaud. J'ai quatorze ans. J'aime le sport, la lecture et les animaux.

e Sur mon portable, j'adore tchatter et **poster des photos** de mon chat qui s'appelle Minou. Je n'aime pas du tout **prendre des selfies**!

b Quand je suis avec mes copains, j'adore **faire du vélo** à la campagne, **bavarder** et **rigoler**!

c Le weekend, j'aime beaucoup **aller à la pêche** avec mon frère, ou **faire des promenades**, mais je n'aime pas tellement **faire les magasins**.

d Comme sports, j'aime **nager**. J'aime aussi jouer au basket et au foot. Mon équipe préférée, c'est le PSG. Cependant, je déteste **faire du footing**!

2 Relis la carte mentale. Copie et complète le tableau.

	likes	dislikes
a alone …		
b with friends …		
c at weekends …		
d sports …		
e on phone …		

G

To express likes or dislikes, use *aimer*, *adorer* or *détester*, followed by:

- a definite article + noun
  *J'aime **le** judo / **la** musique / **les** jeux vidéo.*

or:

- a verb in the infinitive
  Je n'aime pas aller au cinéma / faire du sport.

Page 26

3 Écoute deux fois et note en anglais (1–6):
  a whether each statement is **P** (positive), **N** (negative) or **P+N**
  b the activities mentioned.

4 Écris une carte mentale pour toi. Adapte la carte mentale de l'exercice 1.

J'aime … ♥
J'aime beaucoup … ♥ ♥
J'adore … ♥ ♥ ♥
Je n'aime pas (tellement) …✖
Je n'aime pas du tout …✖✖
Je déteste …✖✖✖

le collège / **la** danse / **les** mangas, (etc.)
aller en ville / au cinéma.
bloguer / surfer.
faire du judo / de la cuisine / des randonnées.
jouer au volleyball / au rugby / au tennis.
manger du popcorn / des glaces / des pizzas.
regarder des comédies / des clips vidéo.

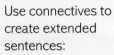

Use connectives to create extended sentences:
aussi (also)
et (and)
ou (or)
mais (but)
cependant (however)
Note: *aussi* goes straight after the (first) verb:
*J'aime **aussi** les chiens.*
*J'adore **aussi** faire du ski.*

5 Écoute et traduis les questions en anglais. (1–6)

6 Lis la carte mentale de ton/ta camarade et écris **six** questions.

Write four questions based on your partner's mind map, then write two extra questions about things he/she has not included in his/her mind map.

Exemple:

Est-ce que tu aimes regarder des clips vidéo?

Qu'est-ce que tu aimes faire comme sports?

Est-ce que tu …? = Do you …?
Qu'est-ce que tu …? = **What** do you …?
Est-ce que questions are closed questions.
Answers to these usually start with *oui* or *non*.
Qu'est-ce que questions are open questions.
They cannot be answered with *oui* / *non*.
Est-ce que sounds like 'eske'.
Qu'est-ce que sounds like 'keske'.

7 En tandem. Fais une conversation. Pose tes questions de l'exercice 6 à ton/ta camarade. Il/Elle répond <u>sans</u> regarder sa carte mentale.

• *Est-ce que tu aimes la musique?*
■ *Oui, j'aime beaucoup la musique, surtout le rap. / Non, je n'aime pas …*
• *Qu'est-ce que tu aimes faire avec tes copains?*
■ *Avec mes copains, j'adore aller en ville ou faire du vélo. Cependant, je déteste …*

Qu'est-ce que tu fais comme activités extrascolaires?

- Talking about after-school clubs and activities
- Using verbs in the present tense

1 Regarde la page web. Copie et complète les phrases.

Qu'est-ce que tu fais comme activités extrascolaires?

Collège Alexandre Dumas

Programme d'activités extrascolaires

activité	jour	heure	où	animée par ...
badminton	mercredi	14h00	centre fitness	M. Khalid
gymnastique	mercredi	15h00	salle de gym	Mme. Bénard
photographie	lundi	12h30	labo 2b	M. Lenôtre
informatique	jeudi	12h00	salle 17	
danse jazz	lundi, mardi	16h30		
théâtre	mardi, jeudi	17h30		
orchestre	vendredi	16h30		
chorale	jeudi	13h00		

French schools are often named after famous French figures in francophone culture. Do you know what Alexandre Dumas is famous for?

1 Tous les jeudis, à treize heures, je chante dans la ⬚.
2 Tous les mercredis, à quatorze heures, je joue au ⬚.
3 Tous les vendredis, après les cours, je joue du violon dans l' ⬚.
4 Tous les lundis, pendant l'heure du déjeuner, je vais au club de ⬚.
5 Une fois par semaine, à quinze heures, je fais de la ⬚.
6 Deux fois par semaine, à dix-sept heures trente, je participe au club de ⬚.

2 Écoute et vérifie. (1–6)

3 En tandem. Fais <u>deux</u> dialogues. Utilise la page web de l'exercice 1 ou parle de tes activités à toi.

- *Qu'est-ce que tu fais comme activités extrascolaires?*
- <u>*Tous les jeudis, à l'heure du déjeuner, je vais au club d'informatique. Et toi?*</u>

tous les lundis / mardis (etc.)
après les cours
pendant l'heure du déjeuner
une fois / deux fois par semaine

G
- Use ***jouer à*** + with <u>sports</u>.
  Most sports are masculine. *à* + *le* = *au*.
  Je joue au volleyball / au rugby (etc.).
- Use ***jouer de*** with instruments.
  de + *le* = *du*.
  Je joue du piano / de la guitare (etc.).
- ***aller à*** and ***participer à*** work like *jouer à*:
  Je vais au club d'informatique.
  Nous participons au club de danse.

G
The present tense endings for regular –*er* verbs are:

danser (to dance)
je dans**e**	I dance
tu dans**es**	you (singular) dance
il/elle/on dans**e**	he/she dances / we dance
nous dans**ons**	we dance
vous dans**ez**	you (plural or polite) dance
ils/elles dans**ent**	they dance

Some verbs are irregular:

aller (to go)	*je **vais*** (I go)
être (to be)	*je **suis*** (I am)
faire (to do)	*je **fais*** (I do)

To see these in full, see page 129.

Page 26

4 Écoute. Copie et complète le tableau en anglais. (1–4)

	club / activity?	day(s)?	when?	any other details?	never …
1	orchestra	every Tuesday			

la poésie   poetry

 G

Negatives go <u>around</u> the verb:

Je **ne** chante **pas**. I do <u>not</u> sing.

Je **ne** danse **jamais**. I <u>never</u> dance.

Je **ne** fais **rien**. I do <u>nothing</u>. / I don't do anything.

5 Lis le forum, puis réponds aux questions en anglais.

● ○ ○   www.mesactivités-extrascolaires.fr

Samira

Ma copine Élise et moi faisons partie de l'orchestre. Elle joue du saxo et moi, je joue de la guitare. En ce moment, nous préparons un grand concert de Noël pour les élèves et leurs parents. C'est très amusant, mais un peu fatigant!

Liliane

Au collège, je suis membre du club des jeux de société. Parfois, nous jouons au Monopoly, mais mon activité préférée, c'est jouer au scrabble. C'est vraiment génial comme jeu! Nous jouons aussi aux échecs, mais c'est trop difficile pour moi – je ne gagne jamais!

Alex

Mon copain, Karim, est dans l'équipe de handball, mais moi, je ne suis pas sportif – le mercredi après-midi, je ne fais rien! Cependant, une fois par semaine, je participe au club de théâtre. Tous les ans, nous montons une comédie musicale. Cette année, c'est *Grease*. Nous répétons tous les mardis soir. C'est trop marrant!

1 At Samira's school, who plays the saxophone?
2 When is the big concert and who is it for?
3 What sort of club does Liliane belong to?
4 What does she say about playing chess?
5 How are Karim and Alex different?
6 What does the drama group put on every year and when do they rehearse?

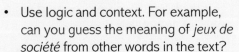
- Look for cognates.
- Use logic and context. For example, can you guess the meaning of *jeux de société* from other words in the text?
- Look at the questions for clues. You might not need to understand every word to answer correctly.

6 Écris un post sur www.mesactivités-extrascolaires.fr. Réponds aux questions.

1 Qu'est-ce que tu fais comme activités extrascolaires?
2 Qu'est-ce que tu ne fais jamais?
3 Quelle est ton activité préférée? Pourquoi?

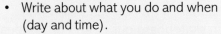
- Use exercise 5 as a model.
- Write about what you do and when (day and time).
- Give opinions with reasons. E.g.: *J'adore jouer au tennis. C'est très amusant. Je déteste … . C'est complètement nul!*
- Include other parts of the verb (e.g. *il, elle, nous*).

2 Amis pour toujours!

 Écoute et lis. Trouve la bonne image pour chaque Haiku.

1
Mon ami Guillaume
A les cheveux courts et bruns.
Il porte des lunettes.

2
Ma copine Lucile
Est petite et très jolie.
Elle a les yeux bleus.

3
Mes amis jumeaux
Ont les cheveux roux, frisés.
Ils sont grands et drôles.

4
Mes deux bonnes copines
Ont les cheveux blonds et longs.
Et les yeux marron.

 Écoute les descriptions et note les détails en anglais. (1–5)

 Parle de ton ami(e).

- *Ton ami(e) est comment?*
- *Mon ami Liam est assez grand. Il a les cheveux … et les yeux …*

Mon ami(e) s'appelle …	
Il/Elle **est** assez / très …	grand(**e**) / petit(**e**). de taille moyenne.
Il/Elle **a** les cheveux …	blonds / bruns / noirs / roux. courts / longs / mi-longs / frisés / bouclés / raides.
Il/Elle **a** les yeux …	bleus / gris / marron / verts.
Il/Elle …	**a** des taches de rousseur. **porte** des lunettes.

 Copie et complète la description de la photo. Utilise les mots de la case (il y a deux mots de trop). Puis écoute et vérifie.

Sur la photo, il y a un groupe d'amis. Ils **1** au parc et ils ont l'air heureux.

À droite, il y a deux filles. Une **2** prend un selfie. Elle a les **3** violets!

L'autre fille a les cheveux longs, **4** et bouclés.

Au centre, il y a un garçon qui porte des **5** . Il a les cheveux **6** et bruns.

Au fond, il y a une autre fille et un **7** avec un skateboard qui **8** un chapeau noir.

est	courts	fille	garçon	porte
lunettes	yeux	sont	roux	cheveux

5 Décris la photo. Adapte la description de l'exercice 4.

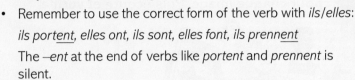

- they – *ils* (all-male or male/female group)
- they – *elles* (all-female group)
- Remember to use the correct form of the verb with *ils/elles*:
  ils portent, elles ont, ils sont, elles font, ils prennent
  The *–ent* at the end of verbs like *portent* and *prennent* is silent.
- Use *qui* (who) to create longer sentences with linked ideas. Can you find examples in exercise 4?

6 Écoute et lis. Trouve la bonne image pour chaque phrase. Que signifient les mots en **gras** et les adjectifs <u>soulignés</u>?

1 **Je m'entends bien avec** mon ami Kilian parce qu'il est <u>sympa</u> et très <u>drôle</u>.

2 Parfois, **je me dispute avec** mon amie Zoé parce qu'elle est assez <u>impatiente</u> et <u>bête</u>.

3 Souvent, **je me fâche contre** mon ami Lucas parce qu'il est trop <u>arrogant</u> et un peu <u>égoïste</u>.

7 Lis le texte. Pour chaque question, écris Jamila, Théo, Manon + Jamila, ou Manon + Théo.

Comment tu t'entends avec ton meilleur ami/ta meilleure amie?

J'ai deux bons amis. Ma meilleure copine s'appelle Jamila et mon meilleur copain s'appelle Théo.

Jamila est de taille moyenne, avec les cheveux bruns. Elle est toujours gentille. Elle a un bon sens de l'humour. Je m'entends toujours très bien avec elle – je ne me dispute jamais avec elle.

Mon meilleur copain, Théo, est assez petit. Il a les cheveux bouclés et les yeux gris. D'habitude, je m'entends bien avec lui. Cependant, parfois, je me dispute avec lui parce qu'il n'aime pas que je gagne aux jeux vidéo et il se fâche contre moi!

Manon

Who …
1 is always kind?
2 always get on well?
3 sometimes gets angry?
4 has a good sense of humour?
5 never argue?
6 sometimes argue?

*Je me dispute <u>avec</u> **lui/elle**.*	(him/her)
*Je m'entends bien <u>avec</u> **lui/elle**.*	(him/her)
*Je me fâche <u>contre</u> **lui/elle**.*	(him/her)
*Il/Elle se fâche <u>contre</u> **moi**.*	(me)

8 Écoute et note les détails suivants (1–2):

a appearance (hair / eyes / build)
b personality
c how well he/she gets on with them.

Reflexive verbs have a <u>reflexive pronoun</u> before the verb.

se disputer (avec)
*je **me** dispute*   *nous **nous** disputons*
*tu **te** disputes*   *vous **vous** disputez*
*il/elle/on **se** dispute*   *ils/elles **se** disputent*

se fâcher (contre) and *s'entendre (avec)* work in the same way.

me, te and *se* shorten to *m', t'* or *s'* before a vowel:
*Je **m'**entends bien avec …*

9 Décris ton meilleur copain ou ta meilleure copine. Écris un court paragraphe.

Page 26

Comment as-tu fêté ton anniversaire?

- Describing birthday celebrations
- Using the perfect tense

 1 Regarde la bande dessinée. Trouve la bonne phrase pour chaque image. Puis écoute et vérifie.

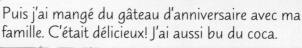
Samedi dernier, j'ai fêté mon anniversaire …

 **1**

 **2**

a Puis j'ai mangé du gâteau d'anniversaire avec ma famille. C'était délicieux! J'ai aussi bu du coca.

b Après, je suis allé en ville avec mon meilleur copain. Nous avons fait du bowling.

 **3**

 **4**

c D'abord, j'ai attendu ma mère, et puis j'ai ouvert mes cadeaux. J'ai reçu un tee-shirt, une montre et des jeux vidéo.

d Finalement, le soir, j'ai invité mes amis à une fête chez moi. Nous avons dansé et nous avons pris des selfies. C'était rigolo!

 **5**

 **6**

e La fête a fini tard, alors le lendemain, je suis resté au lit et j'ai beaucoup dormi!

f Ensuite, j'ai regardé mes cartes virtuelles et j'ai lu mes messages.

tard	late
le lendemain	the next day

Remember that sequencers help you to describe a sequence of activities.

d'abord	first of all
ensuite	next
puis	then
après	afterwards
finalement	finally

 G

Most verbs use **avoir** to form the perfect tense.

danser (to dance) ➡	*dansé*
*j'**ai** dansé*	I danced
*tu **as** dansé*	you (singular) danced
*il/elle/on **a** dansé*	he/she/we danced
*nous **avons** dansé*	we danced
*vous **avez** dansé*	you (plural or polite) danced
*ils/elles **ont** dansé*	they danced

–ir and –re verbs have different past participles:

finir (to finish) ➡	*fini (j'ai fini)*
attendre (to wait) ➡	*attendu (j'ai attendu)*

Some verbs are irregular:

boire ➡	*bu*	*faire* ➡	*fait*
lire ➡	*lu*	*prendre* ➡	*pris*
voir ➡	*vu*	*ouvrir* ➡	*ouvert*
recevoir ➡	*reçu*		

Some verbs use **être** (not *avoir*).

The past participle must agree with the subject:

aller (to go)

*je **suis** allé**(e)*** (I went)
*nous **sommes** allé**(e)s*** (we went)

 2 Dans le texte de l'exercice 1, trouve et traduis les <u>15</u> verbes au passé composé.

 3 Comment ont-ils fêté leur anniversaire? Écoute et note les détails en anglais. (1–2)

4 Écoute la chanson et note les verbes au passé composé. Puis chante!

apporter	to bring

Page 27

5 En tandem. Jeu de mémoire. Regarde les photos pendant <u>trente secondes</u>, puis fais <u>deux</u> dialogues.

- *Quand as-tu fêté ton anniversaire?*
- *J'ai fêté mon anniversaire <u>le vingt-neuf mars</u>.*

- *Comment as-tu fêté ton anniversaire?*
- *D'abord, j'ai ouvert mes cadeaux. Ensuite, …*

In the perfect tense, questions often use <u>inversion</u>:

*Quand **as-tu** fêté ton anniversaire?   Où **es-tu** allé(e)?*

	Quand?	D'abord, …	Ensuite, …	Puis …	Après, …	Finalement, …
A	29 mars					
B	16 juin					

6 Lis le blog. Identifie les <u>trois</u> phrases vraies en anglais.

Hier, c'était le jour de mes quatorze ans. Normalement, je fête mon anniversaire avec ma famille, mais cette année, je suis sortie avec mes copains!

D'habitude, mes parents et moi prenons le petit déjeuner ensemble, puis j'ouvre mes cadeaux et après nous allons au cinéma. Ce n'est pas mal, mais c'est un peu ennuyeux.

Cependant, hier, mes copains et moi sommes allés en ville. D'abord, nous avons fait les magasins et nous avons pris beaucoup de selfies marrants.

D'habitude, le soir de mon anniversaire, je mange chez mes grands-parents, mais cette fois mes copains et moi avons mangé un hamburger-frites au resto, puis nous avons joué au laser tag. C'était hyper-cool!

Marianne

To celebrate her fourteenth birthday, Marianne …

1 played laser tag.
2 went to the cinema.
3 had breakfast with her family.
4 went shopping with friends.
5 ate at her grandparents' house.
6 went to a fast-food restaurant.

TRAPS! Watch out for things that could trip you up!

T = **T**ense / **T**ime frame
R = **R**eflect, don't **R**ush
A = **A**lternative words / synonyms
P = **P**ositive or negative?
S = **S**ubject (person involved)

In exercise 6, the **T** is important. Some verbs in the text refer to the <u>present</u>, while others refer to the <u>past</u>. Look for verbs in the <u>perfect tense</u>.

7 Traduis en français.

Use the perfect tense of *prendre*.

'To go shopping' is *faire les magasins*.

Use *nous*.

1 Last Sunday, I celebrated my birthday.
2 First of all, I had breakfast with my family.
3 Then, I opened my presents: I got some trainers.
4 Afterwards, I went shopping with my best friend.
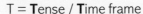
5 Finally, we ate ice creams and we went to the cinema.

Say 'I received'.

Aller takes *être* in the perfect tense. Make the past participle agree with *nous*.

Qu'est-ce que tu vas porter?

• Discussing what you are going to wear
• Using the near future tense

1 Écoute et regarde les photos. Qui parle? (1–10)

> Je pense que je vais porter / acheter / emprunter / mettre …

Qu'est-ce que tu vas porter pour ta fête d'anniversaire?

Nina

Oscar

Yasmine

Timo

G You can use the near future tense to talk about future plans.

Use part of **aller** (to go) + an **infinitive**.

*Je **vais** acheter* …

*Tu **vas** porter* …

*Il/Elle/On **va** emprunter* …

*Nous **allons** mettre* …

*Vous **allez** faire* …

*Ils/Elles **vont** sortir* …

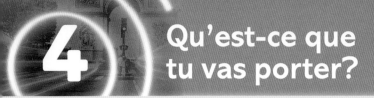 Page 27

un chapeau / costume / jean / pantalon / pull / sweat / tee-shirt	bleu(e) / noir(e) / vert(e) / gris(e) / blanc(he) / violet(te) / rouge / jaune / rose / orange / marron
une casquette / chemise / cravate / jupe / robe / veste	
des baskets / bottes / chaussettes / chaussures	bleu(e)s / noir(e)s / vert(e)s, gris(e)s / blanc(he)s / violet(te)s / rouges / jaunes / roses / orange / marron

---

2 Écoute et écris des notes. Mentionne (1–4):
- quand
- activité
- vêtements et détails
- opinion.

> Pay attention to the **P** (positive or negative) in TRA**P**S. Some speakers mention what they are <u>not</u> going to wear.

3 Écris des phrases pour chaque personne de l'exercice 2.

Exemple: **1** <u>Ce soir</u>, je vais <u>aller au cinéma</u>. Je vais porter <u>un tee-shirt jaune</u>, …

> These time expressions usually refer to the future:
>
> | | |
> |---|---|
> | *ce matin* | this morning |
> | *ce soir* | this evening |
> | ***cet** après-midi* | this afternoon |
> | *demain (soir)* | tomorrow (evening) |
> | *(samedi) prochain* | next (Saturday) |

4 En tandem. Lis le dialogue, puis change les détails.

Read through the dialogue with your partner and think of ideas to replace the underlined phrases. Then try to do the dialogue twice, from memory.

- ● *Qu'est-ce que tu vas faire, le weekend prochain?*
- ■ *Je vais manger au restaurant parce que c'est l'anniversaire de ma mère.*

- ● *Qu'est-ce que tu vas porter?*
- ■ *Je vais porter une chemise bleue avec … Comment tu trouves ça?*
- ● *Je trouve ça un peu démodé.*

- Use adjectives with qualifiers, to give simple opinions:

C'est … / Je trouve ça …		
un peu assez très vraiment trop complètement	beau cool joli super	démodé ennuyeux moche nul

- Use *parce que* to give reasons for your plans: *parce que c'est mon anniversaire / l'anniversaire de mon grand-père.*

5 Lis le texte et note les détails suivants en anglais:

a what Florian likes doing on Saturdays
b what his best friend is like and how they get on
c what he did last Saturday
d what he's going to wear next Saturday and why
e examples of opinions that he gives, using adjectives
f examples of reasons that he gives, with *parce que.*

Le samedi après-midi, j'aime écouter de la musique ou aller au cinéma avec mes amis.

Mon meilleur copain s'appelle Adil. Il est assez petit et il a les cheveux courts et marron. Je m'entends super bien avec lui parce qu'il est très sympa.

Samedi dernier, je ne suis pas allé au ciné parce que j'ai fêté mon anniversaire. J'ai fait du bowling avec Adil, puis nous avons mangé des pizzas. C'était vraiment génial!

Cependant, samedi prochain, je ne vais pas aller au cinéma avec Adil parce que je vais aller au mariage de mon frère, Bastien, et son compagnon, Louis. Je vais porter un costume bleu, une chemise blanche, une cravate rouge et bleue et des chaussures noires. Je pense que c'est très élégant!

Florian

Florian

Adil

G In the perfect and near future tenses, negatives go around the first verb:

Je n'ai pas regardé le match.

Je ne suis pas allé(e) en ville.

Je ne vais pas faire les magasins.

How many negatives can you spot in exercise 5?

6 Écris un paragraphe. Réponds aux questions. Utilise le texte de l'exercice 5 comme modèle.

- Qu'est-ce que tu aimes faire avec tes amis?
- Ton meilleur copain/Ta meilleure copine est comment?
- Qu'est-ce que tu as fait, samedi dernier?
- Qu'est-ce que tu vas faire, samedi prochain?
- Qu'est-ce que tu vas porter?

- Check the tense of each question and answer.
- Include simple opinions: *c'était / je pense que c'est* + qualifier + adjective.
- Extend your writing by giving reasons with *parce que …*
- Raise your game by including negatives (*ne … pas, ne … jamais, ne … rien*).

Bilan

P

I can ...

- talk about likes and dislikes .... *Quand je suis seul(e), j'adore lire.*
- use connectives .... *J'aime la musique et les animaux,*
  __cependant__, je n'aime pas le sport.
- ask questions with *__est-ce que__* and *__qu'est-ce que__* .... *__Est-ce que__ tu aimes le rap? __Qu'est-ce__*
  __que__ tu aimes faire le weekend?
- use *__aimer__*, *__adorer__* and *__détester__* + noun / infinitive .... *__J'aime__ les jeux vidéo. __Je déteste__ faire les*
  magasins.

1

I can ...

- talk about after-school activities .... *Tous les mardis, je vais au club de théâtre.*
- use verbs in the **present tense** .... *__Je joue__ du violon dans l'orchestre.*
  __Nous chantons__ dans la chorale.
- give opinions .... *J'adore ça parce que c'est marrant.*
- use **negatives** .... *Je __ne__ danse __jamais__. Je __ne__ fais __rien__.*

2

I can ...

- describe my friends .... *Mon ami(e) est grand(e), avec les cheveux*
  courts et les yeux marron.
- say how well we get on .... *Je m'entends très bien avec lui/elle.*
- use **reflexive verbs** .... *Parfois, __je me dispute__ avec mon ami(e).*
  __Je me fâche__ contre lui/elle.

3

I can ...

- describe birthday celebrations .... *Samedi dernier, j'ai fêté mon anniversaire.*
  J'ai reçu une montre.
- use sequencers .... *D'abord, nous avons mangé du gâteau.*
  Ensuite, nous avons dansé, puis ...
- use the **perfect tense** .... *__J'ai ouvert__ mes cadeaux. __J'ai lu__ mes*
  messages. __Nous sommes allés__ au cinéma.

4

I can ...

- discuss what I am going to wear .... *Je vais porter une chemise blanche et un*
  pantalon noir.
- use adjectival agreement .... *un sweat vert, une casquette vert**e**,*
  *des baskets vert**es***
- use the **near future tense** .... *__Je vais aller__ au mariage de mon frère.*
- ask and answer questions in different tenses .... *Qu'est-ce que tu aimes faire?*
  Comment as-tu fêté ton anniversaire?
  Qu'est-ce que tu vas porter?

Révisions

1 Write down **eight** items of clothing in French, with the correct indefinite article (*un*, *une*, *des*) and an adjective of colour (make it agree if necessary).

Example: une chemise noire

2 In pairs. Take it in turns to say whether you like, love, dislike or hate these things.

| le sport | les animaux | jouer au tennis | prendre des selfies |

| la danse | aller au cinéma | faire les magasins |

3 How many different adjectives can you think of to give an opinion with *c'est* (e.g. *c'est amusant*)? Make a list. Add some qualifiers.

4 Copy out these sentences, filling in the gap with a verb in the present tense.

1 Je .... du violon dans l'orchestre.
2 Je .... au club de photographie.
3 Nous .... dans la chorale.
4 Nous .... dans l'équipe de basket.

5 Read this description. Change the underlined details to write two different descriptions.

Mon <u>amie</u> est <u>assez</u> <u>petite</u>. <u>Elle</u> a les cheveux <u>longs</u>, <u>bruns</u> et <u>bouclés</u>. <u>Elle</u> a les yeux <u>bleus</u>.

6 Translate this paragraph into English.

D'habitude, je m'entends bien avec mon meilleur copain parce qu'il est très gentil. Parfois, je me dispute avec lui, mais il ne se fâche jamais contre moi.

7 Copy out and complete this account of a birthday, using verbs in the perfect tense. Remember, some verbs take *être*!

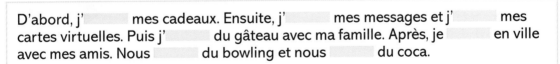

D'abord, j'........ mes cadeaux. Ensuite, j'........ mes messages et j'........ mes cartes virtuelles. Puis j'........ du gâteau avec ma famille. Après, je .... en ville avec mes amis. Nous .... du bowling et nous .... du coca.

8 Write **four** sentences about what you are going to do when, and what you are going to wear. Use different infinitives in the near future tense.

Example: Demain soir, je vais aller au match de foot. Je vais mettre un sweat rouge, …

9 In pairs. Ask and answer these questions.

• Qu'est-ce que tu aimes faire quand tu es seul(e)?
• Ton meilleur copain/Ta meilleure copine est comment?
• Qu'est-ce que tu as fait comme activités extrascolaires la semaine dernière?

1 While on holiday in France, you read two letters in a teenage magazine. For each of the sentences in English, write T (true), F (false) or NM (not mentioned).

> Mon meilleur copain, Marc, a quitté mon collège et je suis très triste. Je ne parle pas beaucoup, je ne sors jamais, je reste souvent tout seul ... C'est nul. Aidez-moi, s'il vous plaît!
>
> **Enzo, 13 ans**

> J'ai deux bonnes copines, Nina et Sophie. Nina est mon amie depuis cinq ans, mais elle est un peu jalouse et très possessive. Elle se dispute souvent avec Sophie. Sophie est très drôle et nous rigolons beaucoup ensemble. Qu'est-ce que je peux faire?
>
> **Marine, 14 ans**

depuis	for (a period of time)

1 Enzo's best friend no longer goes to his school.
2 Enzo prefers being alone, rather than going out.
3 Marine has known Sophie for two years.
4 Marine's two best friends get on well.
5 One of Marine's friends makes her laugh.

In exercise 1, you need to read for <u>detail</u>.

Look carefully for small words, including negatives. They can completely change the meaning of a sentence.

2 You read this blog about birthday celebrations. Choose the correct answer to complete each sentence.

> Samedi dernier, j'ai fêté le jour de mes treize ans.
>
> Normalement, pour fêter mon anniversaire, je vais en ville avec mes copains: nous allons au cinéma, ou parfois nous faisons du bowling. Puis, le soir, je mange des crêpes et une glace au restaurant, avec ma famille.
>
> Cependant, cette année, c'était complètement différent – j'ai invité mes amis à une fête chez moi et c'était vraiment génial! D'abord, j'ai ouvert tous mes cadeaux. Normalement, je reçois des vêtements de mes parents, mais cette année, j'ai reçu des jeux vidéo de mes parents, et des BD de mes copains. Ensuite, nous avons mangé des pizzas, des chips et, bien sûr, du gâteau d'anniversaire! Après, nous avons écouté de la musique et j'ai dansé avec Chloé qui est vraiment très sympa. Elle adore jouer au foot et aller à la pêche, comme moi!
>
> **Hugo**

1 To celebrate his birthday last Saturday, Hugo ...
  a went to a restaurant.   **b** went bowling.   **c** had a party.

2 As a birthday present, Hugo's friends gave him ...
  a clothes.   **b** comic books.   **c** a football.

3 Last Saturday, he and his friends ate ...
  a birthday cake.   **b** pancakes.   **c** ice cream.

4 Afterwards, Hugo and Chloé ...
  a went fishing.   **b** danced together.   **c** played video games.

Remember the **T** in TRAPS (**T**ense or **T**ime frame)!

In exercise 2, you need to look carefully at the **T**ense of the verbs. Hugo refers to two different time frames in his blog. But the questions are all about what he did <u>last Saturday</u>. So which tense do you need to look for?

Lire

3 Translate the sentences into English.

1 Mon meilleur copain, Thomas, est de taille moyenne.
2 Il a les yeux marron et les cheveux roux bouclés.
3 D'habitude, je m'entends très bien avec lui.
4 Cependant, il se fâche parfois contre moi.
5 Hier, nous avons fait les magasins et j'ai acheté une chemise blanche.
6 Demain, je vais mettre un pantalon gris et une veste noire.

When translating, be careful not to miss out small words, like *très*, and pay attention to pronouns (e.g. *il, nous*).

Écouter

4 While in a French clothing store, you hear three announcements. Listen and answer the question for each one in English.

1 Name <u>two</u> of the items of clothing on special offer this week.
2 According to the announcement, what type of occasion are the clothes perfect for? Give <u>two</u> details.
3 What group of adults is this announcement aimed at? Give <u>two</u> details.

une promotion   a special offer

Sometimes you hear familiar language, but in a new context. Don't be put off: listen for words you know.

Answer each question in full. Some questions may ask you to give more than one piece of information.

Écouter

5 You hear your French exchange partner and his friends talking about extracurricular activities. Write the letter of the correct answer each time.

1 How often does this boy say the theatre club rehearsals take place?
   a once a week   **b** twice a week   **c** three times a week

2 Which activity does this girl say she finds relaxing?
   a doing sport   **b** playing an instrument   **c** reading

3 According to this boy, when does the judo club meet?
   a at lunchtimes   **b** after school   **c** in the evenings

4 What does he not have time to do afterwards?
   a have a shower   **b** eat something   **c** run for the bus home

Don't jump to conclusions: just because you hear a word, this doesn't necessarily mean it's the correct answer!

Boîte à outils

When you **speak** or **write**, show what you know! Use a **range of language** in your answers:

- **Tense:** check which tense is required for a particular part of the question and use verbs correctly. Do you need the present, near future, or perfect tense?

- **Use sequencers:** *d'abord ...*, *après ...*, etc., to structure what you say and talk at greater length.

- **Extend your answers with opinions:** *J'adore ...*, *cependant je n'aime pas tellement ...*

- **Give reasons:** *Je déteste ... parce que c'est trop ... Je m'entends bien avec lui parce que ...*

- **Use negatives** to mention what you don't or didn't do, or what you never do:
  je ne ... pas, *je ne ... jamais*, *je n'ai pas mangé ...*, *je ne suis pas allé(e) ...*

1

Description d'une photo. Regarde la photo et prépare tes réponses aux questions. Écris des notes. Puis réponds aux questions.

> *Récemment* means 'recently'. Which tense do you need to answer this question?

> Mention location, position (centre, left, right), hair, clothes, how they look (happy, serious, etc.). Remember to use the correct verb form (e.g. *il/elle* **a** / **est** ... *ils/elles* **ont** / **sont** ...).

- Qu'est-ce qu'il y a sur la photo?
  Sur la photo, il y a ...
- Qu'est-ce que tu as fait récemment avec tes amis?
  Hier / Le weekend dernier, ...
- Pour toi, quelles sont les qualités d'un(e) bon(ne) ami(e)?
  Pour moi, un bon ami / une bonne amie est ...

> Which adjectives could you use here? Which verb will you use if you want to say 'has a good sense of humour'?

2

Conversation. En tandem. Prépare tes réponses aux questions et répète la conversation avec ton/ta camarade.

1 Qu'est-ce que tu aimes faire quand tu es seul(e)?
2 Comment est-ce que tu as fêté ton dernier anniversaire?
3 Qu'est-ce que tu vas faire samedi prochain?
4 Qu'est-ce que tu vas porter?

3

Écoute les deux questions-surprises. Qu'est-ce qu'on te demande? Réponds aux questions.

- General conversation with your teacher includes questions which you don't see written down but which you have to understand and answer spontaneously.

- For these two questions, listen and then work out with a friend what each question means.

- Then have a go at answering each question with your partner.

Écrire

4 **Translate these sentences into French.**

Use the perfect tense.

Where do colour adjectives go? Is any agreement needed?

Use the perfect tense of *recevoir* (to receive)

1 Yesterday, I celebrated my birthday.
2 I got a black jumper and a blue shirt.
3 At school, I am a member of the theatre club.
4 I love singing and dancing because it is fun.
5 Next weekend, I am going to go cycling with my brother.

Use the present tense. You don't need a word for 'a'.

Use the infinitive.

Use the near future tense of *faire*.

Don't forget accents and special characters!
acute accent – especially on past participles (e.g. *mangé*)
grave accent (e.g. *mère*)
circumflex (e.g. *fêter*)
cedilla (e.g. *reçu*)

Lire

5 **In pairs. Look at the writing task and work out:**

1 the overall subject from the heading
2 what you should write about for each bullet point
3 which bullet point(s) refer(s) to:
  a your opinion; **b** the past;
  c the present; **d** the future.

Tu décris ta vie sociale pour ton blog.

Décris:
• tes activités extrascolaires – ton opinion
• ton meilleur copain/ta meilleure copine
• une activité récente avec un(e) ami(e)
• tes projets pour le weekend prochain.

Écris environ **80–90** mots en **français**. Réponds à chaque aspect de la question.

Lire

6 **In pairs. Read this pupil's response, then answer the questions.**

1 Has the pupil covered all four bullet points in his answer? Find out how many pieces of information he gives for each bullet point.
2 How many opinions does the pupil express? How many reasons does he include? Find examples.
3 The pupil uses sequencers to structure his writing. How many sequencers does he use? Note them down.
4 The pupil includes three different tenses in his answer. Find two present tense verbs, two perfect tense verbs and one near future tense verb he uses.
5 The pupil uses a negative with a reflexive verb to create a complex sentence. Find this sentence and note it down. What does it mean?

Je suis dans l'equipe de rugby du collège et nous jouons un match tous les weekends. C'est vraiment genial!

Mon meilleur copain, qui s'appelle William, est assez petit, avec les cheveux noirs et courts. Je ne me dispute jamais avec lui parce qu'il est très gentil.

Samedi dernier, nous sommes alles en ville. D'abord, nous avons fait les magasins et j'ai achete une chemise verte. Ensuite, nous avons mange un sandwich, puis nous avons fait du bowling. C'etait hyper-cool!

Le weekend prochain, je vais aller à la pêche avec mon père. J'adore ça parce que c'est assez relaxant.

Écrire

7 **Écris ta réponse. Utilise le texte de l'exercice 6 comme modèle.**

En plus

1 Écoute et lis le texte, puis regarde les images. Écris la bonne lettre pour chaque prénom.

J'aime bien Natacha, elle fait partie de la petite bande de filles avec laquelle je passe mes moments libres au collège. Natacha est grande avec des yeux verts et des taches de rousseur; Amélie est plutôt boulotte; Sunita est indienne; Aurélie, la sportive du groupe, est toujours habillée en survêt et a les cheveux courts; et moi, Brune, je crois que je suis normale, sauf que je suis plutôt blonde, ce qui n'est pas mal quand on porte mon prénom.

Amies à vie (Friends for life) by Pierre Bottero is the powerful and moving story of a thirteen-year-old girl called Brune and her friendship with Sonia, who suffers from leukaemia. In this extract, Brune is describing her gang of friends at school before Sonia arrives on the scene.

boulot/boulotte	*chubby*
un survêt (survêtement)	*tracksuit*
sauf	*except*

1 Natacha	**2** Amélie	**3** Sunita	**4** Aurélie	**5** Brune

a

b

c

d

e

You don't need to understand every word!

- In exercise 1, look for <u>key markers</u>: words for height, eye colour, hair colour / length, etc.
- In exercise 2, use <u>logic and context</u> to help you decode meaning. Also <u>look at the questions</u> for help with unknown words.

2 Relis le texte et réponds aux questions en anglais.

1 What is Brune's opinion of Natacha?
2 How does Brune describe the gang of girls she spends her free time with at school?
   a fun   **b** small   **c** intelligent
3 What is strange about Brune's name, given her hair colour?

3 Translate into English the section of text from '*Natacha est grande …*' to '*… et a les cheveux courts*'.

plutôt	*rather / quite*

4 **Lis et complète le texte. Utilise les mots des cases. Il y a deux mots de trop. Puis écoute et vérifie.**

tee-shirt   jaune

chapeau   look

rose   noirs

short   grises

qui   porte

Mesdames et messieurs, bienvenue à notre nouvelle collection «quatre saisons»!

D'abord, nous avons Ophélie qui ___1___ une belle veste magenta, avec un joli ___2___ turquoise, un jean moulant multicolore, des bottes ___3___ et un petit sac à main ___4___. C'est un look très élégant pour le printemps.

Ensuite, nous avons Raphaël ___5___ porte un blouson court, bleu et ___6___, avec un tee-shirt noir, un beau ___7___ rouge et des baskets. C'est un ___8___ hyper-cool pour l'été, quand il fait beau!

| *un jean moulant* | *skinny jeans* |

The following are singular in French:
un jean (jeans),
un pantalon (trousers),
un short (shorts).

Adjectives must agree with the noun. See page 16.
A few colour adjectives do not change (*magenta, marron, turquoise*).
Most adjectives (including colours) go after the noun.
But these common adjectives go before the noun:

beau (belle) (beautiful)   *grand(e)* (big)

joli(e) (pretty)   *petit(e)* (small)

The following adjective is irregular: *long (longue)*.

G

5 **Écoute et note les détails suivants en anglais (1–2):**
a clothing and colour / style / fabric
b any other details.

| *en cuir* | *made of leather* |
| *une écharpe* | *a scarf* |

6 **Écris un commentaire pour un défilé de mode. Adapte le texte de l'exercice 4.**

7 **En groupe. Fais ton défilé de mode!**

• Make an audio or video recording of your fashion parade
Or
• create a PowerPoint presentation.

• You could research some photos of models, or use your classmates as models!

• Make sure you know the gender of items of clothing and use correct adjective agreement.

• If you need to look up new words, remember, some words have more than one meaning. For example, 'coat' can mean something you wear, a coat of paint, an animal's fur … Make sure you choose the correct translation.

Grammaire

aimer (etc.) with the definite article + noun, or the infinitive (Point de départ, page 8)

1 Write sentences using the pictures.

- In questions 1–3, use *aimer / adorer*, etc. + definite article.
- In questions 4–6, use *aimer / adorer*, etc. + the infinitive.

Example: 1 J'aime *le* football.

1 ♥   2 ♥ ♥   3 ✗

4 ♥   5 ✗✗   6 ♥ ♥

> To express likes or dislikes, you can use *aimer, adorer* or *détester* followed by:
>
> - a definite article + noun
>   *J'aime … **le** sport / **la** télé / **les** BD.*
>   or:
> - a verb in the **infinitive**
>   *J'aime … **faire** du sport / **regarder** la télé / **lire** des BD.*

Verbs in the present tense (Unit 1, page 10)

2 Copy and complete the sentences with the correct verb from below. Then translate the sentences.

1 Je ▢ membre du club de danse. Nous ▢ la salsa.
2 Tu ▢ du violon dans l'orchestre? Vous ▢ un concert?
3 Nous ▢ dans la chorale. Nous ▢ des chansons modernes.
4 À midi, Hugo ▢ au club de photographie et il ▢ beaucoup de photos.
5 Mes amis ▢ souvent du sport. Ils ▢ dans l'équipe de handball.

dansons va suis joues préparez

sommes sont prend font chantons

> Use the present tense to say what you <u>do</u> or <u>are doing</u>.
>
> The endings for regular –*er* verbs are:
>
> **chanter** (to sing)
>
> | | |
> |---|---|
> | je chant**e** | I sing |
> | tu chant**es** | you (singular) sing |
> | il/elle/on chant**e** | he/she sings / we sing |
> | nous chant**ons** | we sing |
> | vous chant**ez** | you (plural or polite) sing |
> | ils/elles chant**ent** | they sing |
>
> Some key verbs are irregular:
>
> | | |
> |---|---|
> | **aller** (to go) | je **vais** (I go) |
> | **avoir** (to have) | j'**ai** (I have) |
> | **être** (to be) | je **suis** (I am) |
> | **faire** (to do) | je **fais** (I do) |
> | **prendre** (to take) | je **prends** (I take) |
>
> To see these in full, see page 129.

Reflexive verbs (Unit 2, page 13)

3 Copy out the sentences in the correct order and translate them.

1 Je   ma copine Julie   bien avec   m'entends
2 avec   mon frère   dispute souvent   Je me
3 beaucoup avec   m'amuse   Je   mon meilleur ami
4 J'aime ma mère,   nous disputons   mais parfois   nous
5 jamais   se fâche   Mon père   contre moi   ne

> Reflexive verbs have a <u>reflexive pronoun</u> before the verb.
>
> | **se fâcher** (contre) | **to get angry** (with) |
> |---|---|
> | je **me** fâche | I get angry |
> | tu **te** fâches | you get angry |
> | il/elle **se** fâche | he/she gets angry |
> | on **se** fâche | we get angry |
> | nous **nous** fâchons | we get angry |
> | vous **vous** fâchez | you get angry |
> | ils/elles **se** fâchent | they get angry |
>
> *me, te* and *se* shorten to *m', t'* or *s'* before a vowel:
>
> | | |
> |---|---|
> | Je **m'**amuse (avec) … | I have fun (with) … |
> | Elle **s'**entend (bien avec) … | She gets on (well with) … |

The perfect tense (Unit 3, page 14)

4 Change the infinitives in the wordle into past participles. Then use at least six of them to describe a birthday celebration. Remember to use the correct part of *avoir* or *être*.

Example: Le weekend dernier, j'ai fêté mon anniversaire.
D'abord, j'ai / je suis … ensuite, … puis nous avons / nous sommes …

rester manger
danser aller
écouter
finir regarder
prendre jouer
voir attendre
lire faire ouvrir
boire fêter

You use the perfect tense to say what you <u>did</u> or <u>have done</u>. Most verbs use **avoir** to form the perfect tense.

manger (to eat) ➡ *mang**é***

j'**ai** *mangé*	I ate
tu **as** *mangé*	you (singular) ate
il/elle/on **a** *mangé*	he/she/we ate
nous **avons** *mangé*	we ate
vous **avez** *mangé*	you (plural or polite) ate
ils/elles **ont** *mangé*	they ate

–ir and *–re* verbs have different past participles:

finir (to finish) ➡ *fin**i** (j'ai fini)*

attendre (to wait) ➡ *attend**u** (j'ai attendu)*

Some verbs are irregular:

boire	➡ *bu*	*faire*	➡ *fait*
lire	➡ *lu*	*prendre*	➡ *pris*
voir	➡ *vu*	*ouvrir*	➡ *ouvert*
recevoir	➡ *reçu*		

Some verbs use **être** (not *avoir*).

The past participle must <u>agree</u> with the subject:

aller (to go)   *rester* (to stay)

je **suis** *allé(e)* (I went)   *nous* **sommes** *resté(e)s* (we stayed)

 The irregular past participles *bu, lu, reçu* and *vu* can be learned as a group.

The near future tense (Unit 4, page 16)

5 Copy and complete the sentences. Use the near future tense and your own ideas.

Example: D'habitude, **je porte** un jean bleu, mais le weekend prochain, je **vais porter** <u>un pantalon rose</u>.

1 D'habitude, je porte un jean bleu, mais le weekend prochain, je …
2 Normalement, je mange des spaghettis, mais ce soir, je …
3 Samedi dernier, je suis allé au cinéma, mais samedi prochain, je …
4 Ce matin, nous avons joué au volleyball, mais demain matin, nous …
5 Hier soir, elle est sortie avec Patrick, mais demain soir, elle …
6 Le weekend dernier, ils ont fait du vélo, mais le weekend prochain, ils …

You use the near future tense to talk about what you are <u>going to do</u>.
Use part of **aller** (to go) + an **infinitive**.

*Je **vais** porter …*	I am going to wear …
*Tu **vas** jouer …*	You (singular) are going to play …
*Il/Elle/On **va** aller …*	He/She is / We are going to go …
*Nous **allons** sortir …*	We are going to go out …
*Vous **allez** faire …*	You (plural or polite) are going to do …
*Ils/Elles **vont** prendre …*	They are going to take …

Vocabulaire

Quand je suis seul(e) …	When I'm alone …	nager.	swimming.
Quand je suis avec mes copains …	When I'm with my friends …	prendre des selfies.	taking selfies.
		faire du vélo.	going cycling.
Le weekend …	(At) the weekend …	aller à la pêche.	going fishing.
Comme sports …	As for sports …	aller en ville.	going in to town.
Sur mon portable …	On my phone …	aller au cinéma.	going to the cinema.
J'aime (beaucoup)…	I like (a lot)…	écouter de la musique.	listening to music.
J'adore …	I love …	bloguer / surfer.	blogging / surfing.
Je n'aime pas (tellement) …	I don't (particularly) like …	tchatter / poster.	chatting (online) / posting.
Je n'aime pas du tout …	I really don't like …	faire de la cuisine.	cooking.
Je déteste …	I hate …	faire du footing.	jogging.
le sport / le collège.	sport / school.	faire des randonnées.	going hiking.
la lecture / la danse.	reading / dancing.	jouer au rugby.	playing rugby.
les animaux / les mangas.	animals / mangas.	manger du popcorn.	eating popcorn.
lire des BD.	reading comics.	regarder des clips vidéo.	watching video clips.
faire des promenades.	going for walks.	avec mon frère	with my brother

Unité 1 (pages 10–11) *Qu'est-ce que tu fais comme activités extrascolaires?*

Qu'est-ce que tu fais comme activités extrascolaires?	What after-school activities do you do?	Je vais au club (de photographie).	I go to (photography) club.
		Je participe au club (de danse).	I participate in the (dance) club.
Tous les lundis, …	Every Monday, …	Je joue dans l'orchestre.	I play in the orchestra.
Une fois par semaine, …	Once a week, …	Je chante dans la chorale.	I sing in the choir.
Deux fois par semaine, …	Twice a week, …	Je ne chante pas.	I don't sing.
Après les cours, …	After classes, …	Je ne danse jamais.	I never dance.
Pendant l'heure du déjeuner, …	During lunchtime, …	Je ne fais rien.	I don't do anything. / I do nothing.
Je joue au badminton.	I play badminton.	C'est complètement nul.	It's completely rubbish.
Je fais de la gymnastique.	I do gymnastics.	C'est très amusant.	It's very fun.

Unité 2 (pages 12–13) *Amis pour toujours!*

Ton ami(e) est comment?	What is your friend like?	Elle porte des lunettes.	She wears glasses.
Mon ami(e) s'appelle …	My friend is called …	Sur la photo, il y a un groupe d'amis.	In the photo, there is a group of friends.
Il/Elle est …	He/She is …	Ils sont au parc.	They are at the park.
assez grand(e).	quite tall.	Ils ont l'air heureux.	They look happy.
très petit(e).	very short.	Ils prennent une selfie.	They are taking a selfie.
de taille moyenne.	medium height.	à droite / à gauche	on the right / on the left
Il/Elle a les cheveux …	He/She has … hair.	au centre / au fond	in the centre / at the back
blonds / bruns.	blonde / brown	Comment tu t'entends avec ton meilleur ami / ta meilleure amie?	How do you get on with your best friend?
noirs / roux.	black / red		
courts / longs.	short / long		
mi-longs / raides.	mid-length / straight	Je m'entends bien avec lui/elle.	I get along well with him/her.
bouclés / frisés.	curly / very curly		
Il/Elle a les yeux …	He/She has … eyes.	Je me dispute avec lui/elle.	I argue with him/her.
bleus / gris.	blue / grey		
marron / verts.	brown / green	Je me fâche contre lui/elle.	I get angry with him/her.
Il a des taches de rousseur.	He has freckles.		

Unité 2 (pages 12–13) *Amis pour toujours!*

Il/Elle se fâche contre moi.	He/She gets angry with me.	sympa / drôle	nice / funny
Il/Elle a un bon sens de l'humour.	He/She has a good sense of humour.	impatient(e) / bête	impatient / stupid
		arrogant(e) / égoïste	too arrogant / selfish

Unité 3 (pages 14–15) *Comment as-tu fêté ton anniversaire?*

Quand as-tu fêté ton anniversaire?	When did you celebrate your birthday?	je suis allé(e) en ville	I went to town
J'ai fêté mon anniversaire le dix mai.	I celebrated my birthday on the 10th of May.	nous avons fait du bowling	we did/went bowling
Comment as-tu fêté ton anniversaire?	How did you celebrate your birthday?	j'ai mangé du gâteau	I ate some cake
		j'ai bu du coca	I drank some cola
j'ai ouvert mes cadeaux	I opened my presents	je suis resté(e) au lit	I stayed in bed
j'ai reçu un tee-shirt	I received a tee-shirt	j'ai dormi	I slept
j'ai regardé mes cartes virtuelles	I looked at my e-cards	j'ai invité mes ami(e)s	I invited my friends
		nous avons dansé	we danced
		nous avons pris des selfies	we took selfies
j'ai lu mes messages	I read my messages	C'était …	It was …
		rigolo / délicieux.	a laugh / delicious.

Unité 4 (pages 16–17) *Qu'est-ce que tu vas porter?*

Qu'est-ce que tu vas porter pour ta fête d'anniversaire?	What are you going to wear for your birthday party?	des chaussures	shoes
		bleu / noir	blue / black
		vert / gris	green / grey
Je pense que je vais	I think that I am going	blanc / violet	white / purple
porter …	to wear …	rouge / jaune / rose	red / yellow / pink
acheter …	to buy …	orange / marron	orange / brown
emprunter …	to borrow …	ce matin / ce soir	this morning / this evening
mettre …	to put on …	cet après-midi	this afternoon
un chapeau	a hat	demain (soir)	tomorrow (evening)
un costume	a suit	(samedi) prochain	next (Saturday)
un jean / un pantalon	jeans / trousers	Comment tu trouves ça?	How do you like that/it?
un pull / un sweat	a jumper / a sweatshirt	Je trouve ça …	I find it …
un tee-shirt	a tee-shirt	un peu / assez / très	a bit / quite / very
une casquette / une jupe	a cap / a skirt	vraiment / trop	really / too
une chemise	a shirt	complètement	completely
une cravate	a tie	beau / cool	beautiful / cool
une robe / une veste	a dress / a jacket	joli / super	pretty / super
des baskets / des bottes	trainers / boots	démodé / ennuyeux	old-fashioned / boring
des chaussettes	socks	moche / nul	ugly / rubbish

Les mots essentiels *High-frequency words*

Sequencers		Connectives	
d'abord	first of all	aussi	also
ensuite	next	et	and
puis	then	ou	or
après	after(wards)	mais	but
finalement	finally	cependant	however
		surtout	especially

Projets d'avenir

1 Où travaillent-ils?

1 Dans la famille Fermier, la grand-mère travaille …
2 Dans la famille Boulanger, le père travaille …
3 Dans la famille Boucher, le grand-père travaille …
4 Dans la famille Policier, la fille travaille …
5 Dans la famille Mécanicien, la mère travaille …
6 Dans la famille Infirmier, le fils travaille …
7 Dans la famille Secrétaire, la fille travaille …

à la boulangerie	à l'hôpital
à la boucherie	au commissariat
au bureau	au garage
à la ferme	

FAMILLE FERMIER — la grand-mère
FAMILLE BOULANGER — le père
FAMILLE BOUCHER — le grand-père
FAMILLE POLICIER — la fille
FAMILLE MÉCANICIEN — la mère
FAMILLE INFIRMIER — le fils
FAMILLE SECRÉTAIRE — la fille

Jeu de 7 familles

Le jeu de 7 familles is a popular children's card game in France. Do you know the equivalent game in English?

2 Ils sont célèbres. Quel est leur métier?

1 Le Corbusier

2 Brigitte Bardot

3 Alain Prost

4 Marie Curie

scientifique   architecte   pilote de F1   actrice

3 Mets les inventions et les découvertes françaises dans l'ordre chronologique.

1

David Belle a inventé **le parkour.**

2

Les Frères Montgolfier ont inventé **la montgolfière.**

3

Jeanne Villepreux-Power a inventé **l'aquarium.**

4

Blaise Pascal a inventé **la calculatrice.**

5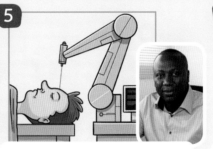

Bertin Nahum a inventé **le robot Rosa™Brain.**

6

Pierre et Marie Curie ont découvert **le radium.**

What did these French people introduce?

Louis **Braille**   Édouard **Michelin**   Eugène-René **Poubelle**

4 Identifie le but de ces inventions.

1

C'est pour …
a explorer l'estomac.   **b** filmer les voisins.
c transporter des insectes.

2

C'est pour …
a mesurer les bébés.   **b** couper un œuf à la coque.
c se couper la moustache.

3

C'est pour …
a écouter de la musique.   **b** nettoyer la maison.
c aller sur la Lune.

4

C'est pour …
a aider dans le jardin.   **b** nager dans la mer.   **c** apporter de l'eau.

1 Lis le texte et relie chaque phrase à une image.

6 bonnes idées pour gagner de l'argent!

Pour gagner de l'argent, ...

1 on peut travailler dans le jardin.

2 on peut aider à la maison.

3 on peut aider les voisins.

4 on peut trouver un petit boulot.

5 on peut nourrir les animaux.

6 on peut faire du baby-sitting.

les voisins *neighbours*

2 Écoute et note l'image de l'exercice 1 et l'opinion de chaque personne. (1–6)

Exemple: **1** f – bonne idée, cool

> Qu'est-ce qu'on peut faire pour gagner de l'argent?

Pour + **infinitive** means 'to' or 'in order to'.

***Pour gagner** de l'argent, on peut trouver un petit boulot.*

(In order) to earn money, you can find a job.

3 Read the forum, then match each forum entry with two of the sentences from exercise 1.

Exemple: WendyG: 3, …

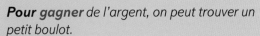

Pour gagner de l'argent, je dois aller au marché avec ma voisine. Je dois aussi garder ma petite sœur. Je pense que c'est ennuyeux. **WendyG**

Pour gagner mon argent de poche, je dois faire la cuisine et ranger ma chambre. Je dois aussi nourrir les serpents. À mon avis, c'est amusant. **Charmeur88**

Je n'ai pas d'argent de poche parce que je ne fais rien pour aider à la maison. Je dois travailler à la boulangerie en ville. Ma sœur et moi, nous devons aussi faire du jardinage. **SammyB**

> Which of the TRAPS do you need to watch out for here?

4 Adapte le texte de *Charmeur88* pour écrire cette réponse en français.

> To earn my pocket money, I must work in the garden and help at home. I must also do babysitting and feed the pets. In my opinion it's boring.

devoir (to have to)	*pouvoir* (to be able to)
je dois (I must)	*je peux* (I can)
tu dois	*tu peux*
il/elle/on doit	*il/elle/on peut*
nous devons	*nous pouvons*
vous devez	*vous pouvez*
ils/elles doivent	*ils/elles peuvent*

Both of these modal verbs are followed by the **infinitive**.

G

Page 50

5 Écoute et complète le tableau. Puis écoute encore une fois et note en anglais <u>la question-surprise</u> dans chaque conversation. (1–4)

> Qu'est-ce que tu achètes avec ton argent?

	J'achète …	Je fais des économies pour acheter …
1	f	

a du maquillage

b de la musique

c du crédit téléphonique

d des fournitures scolaires

e Je n'achète rien.

f des trucs à manger

g des billets de cinéma

h des jeux vidéo

i des vêtements

6 En tandem. Regarde le jeu de rôle et discute en anglais.

> What does **!** mean? Think of some questions you <u>might</u> hear, and how you could reply.

- pour gagner de l'argent – deux activités
- ce que tu achètes – deux choses
- **!**
- **?** le shopping – opinion?

> What information do these two bullet points ask for? Note down the information you will give.

> What does **?** mean? Work out the question you need to ask <u>in English</u>. There might be different possibilities, e.g., What do you think of shopping? Do you like going shopping? Do you like shopping? Choose the one you know you can get right. Then formulate this question in French and note it down.

7 Écoute et fais le jeu de rôle de l'exercice 6 <u>trois</u> fois. Utilise tes notes. Attention: il y a une question-surprise différente dans chaque jeu de rôle. (1–3)

- Talking about what you want to do when you are older
- Using *vouloir*

1 **Lis et choisis le bon mot et la bonne photo pour chaque phrase.**

1 Lisa est _____. Elle travaille dans un labo.
2 Nolan est _____. Il travaille dans un hôpital.
3 Anaïs est _____. Elle voyage partout en Europe.
4 Lilou est _____. Elle travaille chez Renault.
5 Baptiste est _____. Il travaille sur un bateau de croisière.
6 Naël est _____. Il travaille avec des enfants.

infirmier   scientifique   pilote

danseur   instituteur   ingénieure

Qu'est-ce qu'on fait comme métier? On combat les stéréotypes!

2 **Écoute les interviews (1–8). Note en anglais:**

a le métier mentionné
b l'opinion de chaque personne.

3 **En groupe. Discute des métiers.**

- *Est-ce que tu veux être pilote?*
- *Oui, je veux être pilote parce que je pense que c'est passionnant et varié. Tu es d'accord?*

Ou

- *Non, je ne veux pas être pilote car à mon avis c'est fatigant. Tu es d'accord?*
- *Oui, je suis d'accord / Non, je ne suis pas d'accord.*

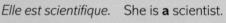

When saying what job a person does, don't use *un(e)* before the job:

Elle est scientifique. She is **a** scientist.

Some job nouns have masculine and feminine forms:

Il est infirmier. **He** is a nurse.
Elle est infirmière. **She** is a nurse.

	masculine	feminine		
Je veux être …	dans**eur**	dans**euse**		intéressant.
	institut**eur**	institut**rice**		passionnant.
	ingéni**eur**	ingéni**eure**		utile.
Je ne veux pas être …	infirm**ier**	infirm**ière**	car c'est	créatif.
	polic**ier**	polic**ière**		varié.
	music**ien**	music**ienne**		fatigant.
	scientifique			dangereux.
	pilote			

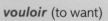

vouloir (to want)
je veux (I want)
tu veux
il/elle/on veut
nous voulons
vous voulez
ils/elles veulent

vouloir is a modal verb and it is followed by the **infinitive**.

Page 50

Car is a useful synonym for ***parce que*** (because).

Listen and read. Then, in pairs, work out the different things the teenagers want to do at the age of 16.

À l'âge de 16 ans, …

1 je veux continuer l'école.
2 je veux étudier les sciences et l'histoire.
3 je veux trouver un petit boulot.
4 je veux aller au lycée.
5 je veux faire un apprentissage.
6 je veux faire du travail bénévole.

Lis le texte et réponds aux questions en anglais.

À l'âge de 16 ans, je voudrais aller au lycée et je veux étudier les langues et les maths car je voudrais être instituteur. Je veux être instituteur parce que je pense que c'est vraiment utile à la société et parce que j'adore les jeunes enfants.

Mais je veux trouver un petit boulot pour le samedi car je dois gagner de l'argent de poche pour acheter des fournitures scolaires et une Mobylette.

Ma copine et moi, nous voulons aussi faire du travail bénévole après les cours. Je veux travailler avec des personnes âgées parce que j'aime aider les autres. Ma copine veut travailler dans un zoo car elle adore les animaux et elle aime travailler en équipe. **Valentin**

1 What does Valentin want to do when he is 16, and why? (4 details)
2 What reasons does Valentin give for choosing this profession? (2 details)
3 What does Valentin want to do on Saturdays, and why? (4 details)
4 What do Valentin and his friend both want to do after school? (1 detail)
5 What work does Valentin want to do, and why? (2 details)
6 What work does his friend want to do, and why? (3 details)

In France, at 15, pupils leave the *collège* (11–15 school) and go to the *lycée* (sixth form college).

Écoute et note en anglais pour chaque personne (1–3):

a what he/she wants to do at 16, and why
b what job he/she wants to do, and why.

Complète chaque phrase. Donne deux raisons différentes en français.

1 Je veux aller au lycée parce que …
2 Je veux trouver un petit boulot car …
3 Je veux faire du travail bénévole car …
4 Je veux être pilote parce que …
5 À l'âge de 16 ans, je veux … car …
6 À l'avenir, je veux être … parce que …

Je veux …	être architecte / vétérinaire …
	étudier le dessin / les langues, …
	faire un apprentissage.
	aller au lycée.
	travailler en équipe / avec des personnes âgées …

Je dois gagner de l'argent.
J'aime aider les autres …
J'adore les enfants / les animaux / les voitures.

Try to give extended reasons, not just *c'est* + adjective.
This will make your writing more varied and interesting.

Qu'est-ce que tu feras à l'avenir?

- Talking about what you will do in the future
- Using the future tense

Lire

1 Lis et trouve les verbes en français.

| 1 I will work | 2 I will live | 3 I will buy | 4 I will be | 5 I will go | 6 I will have | 7 I will do / make |

À l'avenir, ...

en Afrique • à l'étranger

j'habiterai …

une belle maison • une Ferrari rouge

j'achèterai …

célèbre

je serai …

heureux(–se)

avec des enfants

je travaillerai …

chez Google

une Mobylette

j'aurai …

cinq enfants

à New York

j'irai …

en Chine

je ferai …

du snowboard • du travail bénévole

Écouter

2 Read and translate the questions, paying attention to the question words (e.g. *Où …?*). Then listen and note in English the responses for each person. (1–2)

a Où est-ce que tu habiteras?
b Qu'est-ce que tu achèteras?
c Où est-ce que tu travailleras?
d Où est-ce que tu iras?

e Qu'est-ce que tu feras?
f Qu'est-ce que tu auras?
g Comment est-ce que tu seras?

Parler

3 En tandem. Pose les questions de l'exercice 2 et réponds. Utilise le diagramme de l'exercice 1.

Écrire

4 Écris **sept** phrases sur ton avenir.

From the diagram in exercise 1, use
- the verbs in the yellow boxes
- the details in the blue boxes or your own ideas.

Also, use the words in bold below to join your phrases.

Exemple: À l'avenir, j'habiterai <u>en Espagne</u> **ou** <u>en Suisse</u>. J'aurai <u>deux enfants</u> **et aussi** <u>une belle Porsche rouge</u>.

Practise saying these future tense verbs using the *r* sound:

je travaille*r*ai	tu travaille*r*as
je se*r*ai	tu se*r*as
j'au*r*ai	tu au*r*as

5 Lis l'article. Puis décide si les phrases sont vraies (V) ou fausses (F).

Et d'ici dix ans?
Deux adolescents parlent de leur avenir.

D'ici 10 ans, je serai chanteuse professionnelle. Je travaillerai très dur mais je gagnerai beaucoup d'argent. Avec mon argent j'achèterai une grande maison à la campagne. Je serai très heureuse parce que j'aurai un petit copain très sympa et trois ou quatre enfants.
Sophie

Moi, à l'avenir, je travaillerai pour une organisation bénévole. J'habiterai en Europe mais j'irai souvent en Afrique ou en Amérique du Sud. Je serai marié mais je n'aurai pas d'enfants. Je ne gagnerai pas beaucoup d'argent mais j'aiderai les autres et je serai heureux.
Samuel

1 Sophie sera ingénieure.
2 Elle sera riche.
3 Elle aura une grande famille.
4 Samuel voyagera souvent.
5 Il aura des enfants.
6 Il sera riche et heureux.

Texts can be useful models for your own writing. In the texts in exercise 5:

- which verbs are in the future tense?
- which verbs are in the negative form?
- which useful phrases could you use in your own work? Think about this when you do exercise 6.

 G

Use the future tense to talk about what <u>will happen</u>. For regular –*er* and –*ir* verbs, use the **infinitive** as the **future stem** and add **these endings**:

travailler (to work)
je *travaillerai*	nous *travaillerons*
tu *travailleras*	vous *travaillerez*
il/elle/on *travaillera*	ils/elles *travailleront*

Other verbs use the same endings but have their own **future stem**:

–*re* verbs: *attendre* ➡ *attendr*– (*J'attendrai* dix minutes.)
avoir ➡ *aur*– (*J'aurai* six enfants.)
être ➡ *ser*– (*Je serai* content.)
aller ➡ *ir*– (*J'irai* en Afrique.)
faire ➡ *fer*– (*Je ferai* du snowboard.)

Page 50 ▶

6 En tandem. Parle de ton avenir. Réponds aux questions.

- Qu'est-ce que tu feras d'ici dix ans?
- Qu'est-ce que tu feras d'ici vingt-cinq ans?
- Qu'est-ce que tu feras d'ici cinquante ans?

Quand les poules auront des dents means 'when hens will have teeth'. Can you think of the equivalent English proverb for something that is never likely to happen?

7 Lis les phrases à haute voix. Puis écoute la chanson et chante.

D'ici dix ans, ce sera fantastique,
1 Je serai président de la République.
2 J'habiterai en Suisse ou en Amérique.
3 J'aurai un doctorat en mathématiques.
4 J'irai sur la Lune en tapis magique.
5 Je gagnerai le prix Nobel de physique.
6 Je ferai les 100 mètres aux Jeux Olympiques.
7 Athlète? Prix Nobel? Docteur? Président?

Mais oui, quand les poules auront des dents!

Retour vers le futur

- Talking about what things will be like in the future
- Consolidating the future tense

Lire
1 Trouve le bon titre pour chaque photo.

À l'avenir, le monde sera comment?

1 On portera des vêtements «intelligents».

2 On mangera des insectes.

3 On voyagera en voiture sans conducteur.

4 On achètera tout en ligne.

5 On ira en vacances sur la Lune.

6 Il y aura des collèges virtuels pour les élèves.

7 Il y aura des drones dans chaque entreprise.

8 Il y aura un robot dans chaque maison.

Écouter
 2 Écoute et note la photo de l'exercice 1 et l'opinion en français. (1–8)

Ce sera dangereux.

Ce sera très différent.

Ce sera effrayant.

Ce sera passionnant.

Ce sera utile.

Parler
 3 En groupe. Discute des idées de l'exercice 1.

- *À l'avenir, le monde sera comment?*
- *On portera des vêtements «intelligents». Je pense que ce sera utile. Tu es d'accord?*
- ▲ *Oui, je suis d'accord. À mon avis, ce sera passionnant.*

Ou

- ▲ *Non, je ne suis pas d'accord. Je trouve que ce sera effrayant.*

> **G**
>
> The future tense ending for *on* is *–a*:
>
> *on mangera* (we/people **will eat**)
> *on ira* (we/people **will go**).
>
> The future tense of *c'est* is *ce sera* (it **will be**).
>
> The future tense of *il y a* is *il y aura* (there **will be**).
>
> Page 50

4 Traduis les phrases en français.

1 We will eat lots of fruit and vegetables.
2 People will buy a robot.
3 We will have driverless cars.
4 There will be virtual teachers.
5 I think that it will be really exciting.

> There is no French word for 'will'. For example, the idea of 'will eat' is contained in the single word *mangera*. When you are working with tenses in French, think of the tense you need and follow the rules to form that tense: don't try to translate word for word.

5 Lis les deux dossiers et note en anglais <u>huit</u> détails sur chaque robot du futur.

Les robots de l'avenir

Nom: Robot-Boulot-Dodo

Lieu de travail: Il travaillera à la maison où il sera assistant personnel.

Activités: Robot-Boulot-Dodo sera un robot pour aider à la maison et pour travailler dans le jardin. D'abord, il rangera la maison, ensuite il fera la cuisine et après, il fera la vaisselle. Ce robot sera vraiment utile: il ira au supermarché où il fera les courses et puis il rapportera les provisions à la maison. Ce sera formidable, n'est-ce pas?

Nom: Robocopine

Lieu de travail: Elle travaillera à l'hôpital.

Activités: Robocopine sera un robot pour aider les infirmiers et les médecins dans leur travail. D'abord, elle examinera les patients et elle prendra leur pouls et leur température. Ensuite, elle décidera du traitement nécessaire et donnera des médicaments. Elle fera aussi des opérations.

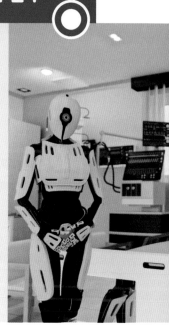

6 Écoute les descriptions et note en français le lieu de travail et <u>trois</u> activités pour Robot-Pépé et RoboProf. (1–2)

l'examen	exam

> The activities are in the <u>future tense</u>: listen for the verbs and try to transcribe them correctly.

7 Écris un paragraphe sur un de ces robots du futur.
Puis prépare un dossier sur un robot que tu as inventé.

Nom: Robosport	**Nom:** Robeauté
Lieu de travail: le centre sportif	**Lieu de travail:** le salon de beauté
Activités: organiser les matchs, faire du karaté, aller au stade, jouer au foot	**Activités:** couper les cheveux, faire du thé pour les clients, aller chez les clients, appliquer du maquillage

> Use the future tense to write about where your robot <u>will work</u> and what he/she <u>will do</u>.
> Use exercise 5 to help you. Try to use the following phrases:
> *… sera un robot pour* + infinitive
> *Ce sera* + adjective
> *Ce robot sera vraiment* + adjective
> *Il/elle ira … où …*
> *D'abord, … puis … ensuite, …*

Profil d'un inventeur ou d'une inventrice

- Writing about an inventor
- Using questions in three different tenses

1 Complète la traduction de chaque question en anglais.

1 **Qui** est Bertin Nahum?
⬜⬜⬜ is Bertin Nahum?
2 **Quand** est-ce qu'il est arrivé en France?
⬜⬜⬜ did he arrive in France?
3 **Où** est-ce qu'il a étudié?
⬜⬜⬜ did he study?
4 **Qu'**est-ce qu'il a inventé?
⬜⬜⬜ did he invent?
5 **Pourquoi** est-ce qu'il a créé ce robot?
⬜⬜⬜ did he create this robot?

Bertin Nahum

> *Est-ce que* is used to form questions. When you translate perfect tense questions into English, you need to use 'did' in your translation: When **did** he arrive in France?

2 Lis le texte, puis réponds aux questions de l'exercice 1 en français.

> 🤖 Bertin Nahum est inventeur. Il est très créatif et innovateur.
>
> 🤖 Il est né au Sénégal mais il a immigré en France quand il était très jeune.
>
> 🤖 Il a fait des études d'ingénieur à Lyon et à l'université de Coventry en Angleterre.
>
> 🤖 Il a développé un robot, «Rosa™Brain», qui travaille dans des hôpitaux dans le monde entier.
>
> 🤖 Il a inventé ce robot pour aider les neurochirurgiens dans les opérations.

- Focus on the question word in each question. It unlocks the information that you need to pick out.
- Answer the questions by lifting the correct phrases directly from the text.

3 Listen and note in English the question word used each time. Then listen again and note the whole question in English. (1–8)

Exemple: **1** when – When did you immigrate to France?

(why)   who (with)   (when)   (where)   (what)

4 En tandem. Traduis ces questions pour Bertin Nahum en français. Puis utilise tes notes et pose les questions à ton/ta partenaire.

1 When did you immigrate to France?
2 Where <u>were you born</u>?
3 Where did you study?
4 What did you develop?
5 Why did you invent a robot?

Use the auxiliary verb *être: tu es né.*

Formulate each question using the perfect tense.

1 When did you immigrate to France?
Quand est-ce que tu as immigré en France?
question word + *est-ce que* + subject and verb

5 Écoute et lis l'interview. Puis choisis le bon verbe pour compléter chaque phrase anglaise. (1–6)

Interview avec une jeune inventrice

1 *Julie, qu'est-ce que tu fais comme métier?*
Je suis inventrice … mais dans mon temps libre.

2 *Où est-ce que tu travailles pour gagner de l'argent?*
Je dois travailler dans un restaurant. Avec mon argent, je fais des économies pour acheter un très bon ordinateur.

3 *Pourquoi est-ce que tu veux être inventrice professionnelle?*
Je veux être inventrice professionnelle parce que c'est vraiment créatif et parce que j'aime aider les autres.

4 *Qu'est-ce que tu as inventé récemment, et quand?*
L'année dernière, j'ai inventé des lunettes «intelligentes» pour traduire en anglais des textes français. J'ai gagné un prix au Concours Lépine – un concours pour les inventeurs.

5 *Bravo! Avec qui est-ce que tu as travaillé sur ton invention?*
J'ai travaillé seule.

6 *Qu'est-ce que tu inventeras à l'avenir?*
J'inventerai un robot pour aider les personnes handicapées. À mon avis, ce sera très utile.

Julie, 20 ans

a Julie **works** / **worked** / **will work** in a restaurant.
b Julie **is saving** / **saved** / **will save** for a very good computer.
c She **is** / **was** / **wants to be** a professional inventor.
d She **is inventing** / **invented** / **will invent** glasses to translate French into English.
e Julie **works** / **worked** / **will work** alone on her invention.
f She **is inventing** / **invented** / **will invent** a robot to help disabled people.

6 Relis le texte de l'exercice 5 et traduis les <u>six</u> questions en anglais.

Look carefully at <u>question words</u> and <u>verbs</u>. Three different tenses are used: remember that you can't translate word for word.

7 Écoute l'interview avec un autre jeune inventeur et note ses <u>six</u> réponses en anglais. (1–6)

8 Imagine un(e) jeune inventeur/inventrice et écris une interview pour ce magazine. Utilise les <u>six</u> questions de l'exercice 5, mais adapte les réponses.

Before you start writing your own conversation:

- identify the key verbs from exercise 5 which you can reuse: *je veux être, j'ai inventé, …*

- look back through this module and note down useful vocabulary and phrases you can use: *je dois travailler dans un magasin / aider les voisins / faire du baby-sitting …*

- think about vocabulary you already know and can include: *j'ai inventé un robot / une appli / une machine / un jeu / un sport / un plat …*

Bilan

P

I can ...

- say what people can do to earn money .... *On peut aider les voisins.*
- say what I must do to earn money .... *Je dois travailler dans le jardin.*
- say what I do with my money .... *J'achète du maquillage, je fais des économies pour acheter de la musique.*

- use *pour* + infinitive .... ***pour gagner** de l'argent*
- use ***devoir*** and ***pouvoir*** .... *je **dois**, elle **doit**, on **peut**, nous **pouvons***

1

I can ...

- say what jobs people do .... *Il est danseur. Elle est danseuse.*
- talk about what job I want to do and why .... *Je veux être pilote car c'est utile.*
- say what I want to do at 16 .... *Je veux aller au lycée.*
  Je veux faire un apprentissage.

- give extended opinions .... *parce que j'aime aider les autres.*
  parce que je dois gagner de l'argent.

- use ***vouloir*** .... *je **veux**, il **veut**, nous **voulons***

2

I can ...

- talk about what I will do in the future .... *J'irai en Chine. Je serai célèbre.*
- use connectives to extend my sentences .... *J'aurai deux enfants et aussi une belle Porsche rouge.*

- use the **future tense** .... *je **travaillerai**, tu **seras**, elle **aura***

3

I can ...

- talk about what things will be like in the future .... *On mangera des insectes. Il y aura un robot dans chaque maison.*

- give opinions about the future .... *À mon avis ce sera effrayant / très différent.*
- use ***ce sera*** and ***il y aura*** .... ***Ce sera** dangereux. **Il y aura** des collèges virtuels.*

4

I can ...

- understand information about an inventor .... *Il est né ... Elle a inventé ...*
- write an extended piece using three tenses .... *Je fais ... J'ai gagné ... J'inventerai ...*
- formulate questions in the **perfect tense** .... *Où est-ce que **tu as étudié**?*
- translate questions in **three tenses** .... *Pourquoi est-ce que **tu veux** être inventrice?*
  *Qu'est-ce que **tu as inventé** récemment?*
  *Qu'est-ce que **tu inventeras** à l'avenir?*

Révisions

Ready

1 In pairs. Take turns to complete the sentence, adding another item each time.

- *Avec mon argent, j'achète … des jeux vidéo.*
- *Avec mon argent, j'achète des jeux vidéo … et du maquillage.*
- *Avec mon argent, j'achète …*

2 Note in English each family member's job, and his or her opinion.

> Ma mère est institutrice mais c'est fatigant. Mon beau-père est ingénieur et c'est passionnant. Mon frère est infirmier et c'est très utile. Ma sœur est policière mais c'est dangereux. Mon oncle est danseur sur un bateau de croisière. Il adore ça.

3 Match each verb with its English translation.

je peux	il doit	je dois	nous voulons		we can	I can	we must	he can
je veux	il peut	on doit	nous pouvons		we want	I must	he must	I want

Get set

4 In pairs. Read each sentence and decide if it is logical or not. Change the illogical ones to make them logical.

1 Je veux être vétérinaire parce que je n'aime pas les animaux.
2 Je dois gagner de l'argent car je fais des économies pour acheter une voiture.
3 Je dois faire un apprentissage car je veux être électricienne.
4 On peut aller au lycée pour gagner de l'argent.

5 In pairs. Can you think of at least <u>three</u> possible endings for each sentence?

À l'avenir, …

1 je serai …   2 j'irai …   3 je ferai …   4 il y aura …   5 ce sera …

Go!

6 Write out each verb in the future tense with *je / tu / il / nous / vous / ils.*

1 voyager   2 être   3 avoir   4 faire   5 aller

7 Translate this information into English.

- Chloé est née à Lyon.
- À l'âge de 17 ans, elle a inventé une appli pour trouver des amis à l'étranger.
- Elle va au lycée mais elle veut être inventrice car elle adore être créative.
- À l'avenir, elle étudiera à Paris. Après, elle travaillera pour une grande entreprise.

8 Your French friend sends you some questions. What do they mean? Answer the questions in French.

1 Qu'est-ce que tu feras à l'avenir?
2 Où est-ce que tu habiteras?
3 Est-ce que tu veux trouver un petit boulot?
4 Pourquoi est-ce que tu as fait des économies l'année dernière?

Module 2

1 You read an online article about young people's future plans. Which <u>five</u> statements are <u>true</u>?

Zoë À 16 ans, je ne veux pas aller au lycée. Je veux faire un apprentissage car je veux être mécanicienne. Je ferai ce métier car mon père est mécanicien et il a un garage dans le village voisin.

Benji Moi, je continuerai l'école pour étudier les maths et les sciences. Je veux être ingénieur parce que j'aime travailler en équipe. Je veux gagner de l'argent mais on ne peut pas trouver de petit boulot dans mon village.

Manu À l'avenir, je serai musicien ou acteur parce que je suis très créatif. Je gagnerai beaucoup d'argent et j'achèterai une grande maison à Nice. Je veux aller au lycée pour préparer mes examens mais après, je ferai le tour du monde.

a	Zoë wants to go to sixth form college.
b	Zoë wants to be a mechanic.
c	Zoë's neighbour owns a garage.
d	Benji will stay on at school.
e	Benji likes working with people.
f	Benji will find a job in his village.
g	Manu will do a creative job.
h	Manu has a lot of money.
i	Manu wants to get some qualifications.
j	Manu will not go travelling.

TRAPS
Watch out for small differences between the text and the statements: these might involve verb tenses, reflecting not rushing, and positives and negatives.

2 Your French friend has sent you some questions for a survey she is doing about part-time jobs. Translate the questions into English.

1 Où est-ce qu'on peut travailler pour gagner de l'argent?
2 Avec qui est-ce que tu travailles?
3 Quand est-ce que tu as trouvé le boulot?
4 Qu'est-ce que tu as acheté récemment?
5 Pourquoi est-ce que tu continueras l'école à l'avenir?

Remember that you can't translate questions word for word. In each question, look out for:
• the question word
• the verb.

3 Read the text, then answer the questions in English.

– Non, dit Monsieur Boichon. Claudine reste ici et au boulot.

– Et à la Martinière? demande Madame Boichon. Elle apprendra un métier et à lire en même temps.

– Moi, je ne veux pas aller dans une école où on apprend un métier, intervient Claudine. Je veux connaître l'histoire, la géographie, je veux apprendre à très bien écrire le français. Je ne veux pas travailler à l'usine. Je ne veux pas être comme toi, maman …

Monsieur Boichon se lève:

– On ne te demande pas ce que tu veux faire, tu entends! Tu n'iras pas à l'école! Tu resteras ici! Ici!

| *l'usine* factory |

1 Claudine and her parents are discussing …
 a her father's job. **b** Claudine's future. **c** where they will live.
2 According to her mother, what two things will Claudine learn at *La Martinière*?
3 What three things does Claudine want to study at school?
4 What does she not want to do?
5 At the end of the conversation, her father is …
 a pleased. **b** understanding. **c** angry.

This is adapted from an authentic text set in about 1880. Remember, you don't need to understand every word to be able to answer the questions.

4 Tu entends ton ami français parler des métiers avec ses amis. Qu'est-ce qu'ils pensent? Écris P (opinion positive), N (opinion négative) ou P+N (opinion positive et négative). (1–5)

5 Tu écoutes la radio. On discute de l'avenir. Choisis la bonne phrase. Il y a <u>deux</u> phrases que tu n'utiliseras pas. (1–4)

a	L'avenir sera dangereux.
b	Il y aura beaucoup de robots.
c	On mangera des produits de la région.
d	Il y aura des applis fantastiques.
e	On portera des vêtements «intelligents».
f	On voyagera dans l'espace.

| *l'espace* space |

TRAPS
• You don't always hear the same words as you see written here: listen for <u>alternative ways</u> of saying the same thing.
• Don't jump to conclusions just because you hear one word: for example, you might hear the word *fantastique*, but the speaker might not be talking about apps!

6 On French radio, you hear an inventor talking about her work. What did she invent in the past, what is she working on now and what will she invent in the future? Write your answers in English.

TRAPS
Listen for the <u>verb tense</u> so you know where in the grid to write your answer.

past invention	current invention	future invention

En focus 2: parler et écrire

 Boîte à outils **Answering questions**

Listen carefully to the question. Listen for ...
- the **question word**. What do these mean? *où? avec qui? pourquoi? que (qu')?*
- the **verb tense** – past, present or future?
- helpful **time phrases**. Which tense do these time phrases indicate?
  récemment, l'année dernière, d'habitude, tous les jours, à l'avenir, à l'âge de 16 ans.

In role plays, make your answers **short and accurate**.

In conversations, give **extended answers** by ...
- giving at least three pieces of information in your answer
- giving extended reasons for your answer using *parce que* and *car*
- adding in extra details such as when / where / with whom
- giving opinions using *à mon avis / je pense que / je trouve que.*

 Parler 1

En tandem. Regarde le jeu de rôle et discute en anglais. Puis prépare et note tes réponses.

> Your answer does not need to be true! You might not use the actual words on the card in your answer. For example, you can say 'I work in …'.

> Work out the question you need to ask in English. Then formulate your question in French.

> How does the heading help? Should you use *tu* or *vous*?

Tu parles de ton avenir avec ton ami(e) français(e).
- Ton petit boulot – où.
- À l'âge de 16 ans – un projet.
- **?** À l'avenir – aller au lycée?
- Aider à la maison – opinion + raison.
- **!**

> Which tense should you use?

> Keep your answer simple. For example, 'I like … because it is …'.

> Think of some questions you <u>might</u> hear, and how you could reply.

 Parler 2

Écoute et fais le jeu de rôle de l'exercice 1 <u>trois</u> fois. Utilise tes notes. Attention: il y a une question-surprise différente dans chaque jeu de rôle. (1–3)

 Parler 3

En tandem. Discute de ces questions en anglais. Puis prépare tes réponses aux questions et répète la conversation avec ton/ta partenaire. Utilise la boîte à outils (*toolkit*).

1 Qu'est-ce que tu veux faire comme métier? Pourquoi?
   Give <u>two or three</u> reasons.
2 Où est-ce que tu habiteras à l'avenir?
   Give the country, town / countryside / mountains, type of house, with whom.
3 Qu'est-ce que tu achèteras avec ton argent?
   Give at least <u>three</u> items and add what you will save up for.
4 Est-ce que tu as aidé à la maison récemment?
   Give at least <u>three</u> examples and add an opinion.

4 **Translate these sentences into French.**

Modal verb + infinitive

aimer + infinitive

Adjective <u>after</u> noun

1 I must go to sixth form college because I want to be a teacher.
2 It is a useful job and I like working with children.
3 I will be happy but I will not earn a lot of money.
4 It will be difficult because there will be some problems.
5 Where will you go in the future?
6 What will you do?

Future tense

Future tense of *c'est* and *il y a*

Use the question word + *est-ce que*.

5 **In pairs. Look at the writing task and work out:**

1 the overall subject from the heading
2 what you should write about for each bullet point
3 which bullet point refers to:
  a your opinion
  b the past
  c the present
  d the future.

> **Tu écris un blog sur l'argent et ton avenir.**
>
> Décris:
> • tes activités pour gagner de l'argent
> • ce que tu as acheté récemment
> • ce que tu feras dans 10 ans
> • le travail bénévole – ton opinion.
>
> Écris **80–90** mots en **français**. Réponds à chaque aspect de la question.

6 **In pairs. Read this pupil's response, then answer the questions.**

Pour gagner de l'argent, je dois travailler dans le jardin. Tous les jours je fais la vaisselle dans la cuisine mais je pense que c'est trop fatigant.

Le weekend dernier, avec mon frère, je suis allé en ville où j'ai acheté un jean noir et un cadeau d'anniversaire pour ma mère.

Dans 10 ans je serai danseur sur un bateau de croisière. J'aurai une petite copine et nous serons très heureux car nous ferons le tour du monde.

Moi perso, je trouve le travail bénévole vraiment utile parce que j'aime aider les autres et que j'adore travailler avec des enfants ou des personnes âgées.

1 Has the pupil covered all four bullet points in his answer?
    Find out how many <u>pieces of information</u> he gives for each bullet point.
2 How many <u>opinions</u> does the pupil express? Find the different phrases he uses.
3 The pupil uses a <u>variety of vocabulary</u>. Find four examples of good or unusual vocabulary or phrases.
4 The pupil includes <u>three different tenses</u>. Find two present tense verbs, two perfect tense verbs and two future tense verbs he uses.
5 The pupil uses some <u>more complex structures and sentences</u>. Find and note down his use of:

| *pour* + infinitive | *devoir* + infinitive | *aimer* + infinitive | pronoun other than *je* | different time expressions (3) | different connectives (6) |

7 **Write your own response to the writing task in exercise 5, using the model text and your answers to exercise 6 for help.**

En plus

1 Écoute et lis le poème de Victor Hugo.
Puis mets les images dans l'ordre des vers.

Victor Hugo is one of France's best known writers. He wrote *Notre-Dame de Paris* (1831), which features the famous Hunchback of Notre-Dame, and *Les Misérables* (1862).

Demain, dès l'aube, **à l'heure où blanchit la campagne**,
Je partirai. Vois-tu, je sais que tu m'attends.
J'irai par la forêt, j'irai par la montagne.
Je ne puis demeurer loin de toi plus longtemps.

Je marcherai **les yeux fixés sur mes pensées**,
Sans rien voir au dehors, sans entendre aucun bruit,
Seul, inconnu, le dos courbé, les mains croisées,
Triste, et le jour pour moi sera comme la nuit.

Je ne regarderai ni **l'or du soir qui tombe**,
Ni les voiles au loin descendant vers Harfleur,
Et quand j'arriverai, je mettrai sur ta tombe
Un bouquet de houx vert et de bruyère en fleur.

dès l'aube	at dawn
je ne puis demeurer loin de toi	I cannot stay far from you
sans rien voir	without seeing anything

2 Trouve ces verbes au futur dans le poème.

1 I will leave
2 I will go
3 I will walk
4 I will watch (neither … nor …)
5 I will arrive
6 I will put

3 Complete the English translations of these phrases from the poem.
The underlined French words are missing from the English translations.

1 *à l'heure où blanchit la campagne*   at the _____ when the countryside becomes _____
2 *les yeux fixés sur mes pensées*   with my _____ fixed on my _____
3 *le jour pour moi sera comme la nuit*   the _____ for me _____ like the night
4 *l'or du soir qui tombe*   the gold of the _____ which _____

4 En tandem. Discute du poème. Utilise le tableau.

Je trouve le poème	beau / fantastique.
	émouvant / triste.
	difficile.
Dans le poème, les images sont	belles / laides.
	claires / sombres.
Quand je lis le poème, je me sens	calme / content(e).
	triste / ému(e).
	mal à l'aise.
J'aime (beaucoup)	le sujet / le thème / les images.

Je n'aime pas (tellement)

Tu es d'accord?

Oui, je suis d'accord. / Non, je ne suis pas d'accord. À mon avis …

5 Écoute et note les verbes qui manquent. Puis choisis le thème du poème.

la jalousie   l'amour   la mort

Ce matin, je	**1**	du pain.
Demain, je	**2**	de la barbe à papa.
Ce matin, je	**3**	de l'eau.
Demain, je	**4**	du jus de fruits exotiques.
Ce matin, je	**5**	à pied.
Demain, je	**6**	sur la Lune.
Ce matin, je ne	**7**	rien.
Demain, je	**8**	le tour du monde.
Ce matin, je	**9**	seule ...
Demain, tu	**10**	avec moi.

la barbe à papa   candy floss

The future tense stem of *boire* is *boir–: je boirai* (I will drink).

6 En tandem. Utilise tes réponses de l'exercice 5 et traduis le poème en anglais.

7 Écris ton propre poème. Utilise le poème de l'exercice 5 comme modèle.

Ce matin, … (+ *present tense verb:* je mange, je fais, je suis …)

Demain, … (+ *future tense verb:* je mangerai, je ferai, je serai …)

8 En groupe. Lis ton poème à haute voix.

Try to put some feeling into your reading, just as you would if you were reading a poem in English.

Grammaire

pouvoir, vouloir and *devoir*
(Point de départ, page 33 and Unit 1, page 34)

1 Choose an infinitive to complete each sentence. Then translate the sentences into English.

| être   aller   aider   écouter   faire   travailler |

1 Nous pouvons _____ de la musique.
2 Mon frère doit _____ dans le jardin.
3 Elles veulent _____ au cinéma.
4 Tu dois _____ tes devoirs.
5 Je ne veux pas _____ policier.
6 Est-ce que tu peux _____ les voisins?

2 Write six new sentences of your own in French, starting with:

1 I must …
2 She wants to …
3 They can …
4 We want to …
5 We can't …
6 Do you want to …?

	pouvoir to be able to	**vouloir** to want	**devoir** to have to
je	*peux* (I can)	*veux* (I want)	*dois* (I must)
tu	*peux*	*veux*	*dois*
il/elle/on	*peut*	*veut*	*doit*
nous	*pouvons*	*voulons*	*devons*
vous	*pouvez*	*voulez*	*devez*
ils/elles	*peuvent*	*veulent*	*doivent*

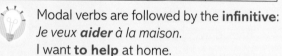 Modal verbs are followed by the **infinitive**:
*Je veux **aider** à la maison.*
I want **to help** at home.

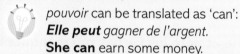 *pouvoir* can be translated as 'can':
***Elle peut** gagner de l'argent.*
She can earn some money.

devoir can be translated as 'must':
***Ils doivent** aller au lycée.*
They must go to sixth form college.

The <u>noun</u> *les devoirs* means 'homework' – something you <u>must</u> do!

The future tense
(Unit 2, page 37 and Unit 3, page 38)

3 Choose the correct future tense verb to complete each sentence.

1 Je (**travaillerai / travaillera / travailler**) pour Michelin à l'avenir.
2 Nous (**aura / aurons / auront**) une belle maison.
3 Mon copain (**finirai / finira / finiront**) son apprentissage.
4 Mes parents (**faire / ferons / feront**) le tour du monde.
5 Est-ce que tu (**irai / iras / ira**) à l'université?
6 Je ne (**seras / serai / sera**) pas riche.

4 Write the verb in brackets in the future tense.

1 Je (manger) beaucoup de fruits et de légumes.
2 Ma sœur (faire) du sport tous les jours.
3 Nous (aller) à la piscine à pied.
4 Il n'y (avoir) pas de disputes à la maison.
5 Ce (être) très différent.

The future tense is used to talk about what <u>will happen</u>.

To form the future tense, take the **future stem** and add the correct **future tense ending**.

	–er verbs	*–ir* verbs	*–re* verbs
je/j'	*jouer**ai***	*finir**ai***	*attendr**ai***
tu	*jouer**as***	*finir**as***	*attendr**as***
il/elle/on	*jouer**a***	*finir**a***	*attendr**a***
nous	*jouer**ons***	*finir**ons***	*attendr**ons***
vous	*jouer**ez***	*finir**ez***	*attendr**ez***
ils/elles	*jouer**ont***	*finir**ont***	*attendr**ont***

For regular *–er* and *–ir* verbs, the future stem is the same as the infinitive.

The future stem for verbs ending in *–re* is the infinitive without the final *–e*.

The future stem for *acheter* is *achèter*: *il achètera* (he will buy).

Irregular verbs have their own **future stem** with the same endings:

avoir ➡ *aur–*   *aller* ➡ *ir–*
être ➡ *ser–*   *faire* ➡ *fer–*

Questions in three different tenses
(Unit 4, pages 40–41)

5 Note the tense of each question: P (Perfect), Pr (Present) or F (Future). Then translate the questions into English.

1 Est-ce que tu travailles dans le jardin?
2 Où est-ce que tu iras?
3 Est-ce que tu es allé en ville?
4 Qu'est-ce que tu fais?
5 Quand est-ce que tu as quitté la maison?
6 Est-ce que tu gagneras beaucoup d'argent?

6 Write these questions in French, using the phrases *regarder les infos* and *aller au cinéma*.

1 Do you watch the news?
2 Did you watch the news?
3 Will you watch the news?
4 Will you go to the cinema?
5 Did you go to the cinema?
6 Are you going to the cinema?

Questions without a question word are formed using *est-ce que* + *the subject and verb*.

Est-ce que tu joues / as joué / joueras?

Questions starting with a question word are formed using:

question word + *est-ce que* + the subject and verb.

Où est-ce que tu habites / as habité / habiteras?

 You cannot translate questions word for word. You must look at the verb tense used:

Present: *Est-ce que **tu aides**?*
Do you help? / **Are you** help**ing**?

Perfect: *Est-ce que **tu as aidé**?*
Did you help?

Future: *Est-ce que **tu aideras**?*
Will you help?

7 Each person below has answered <u>four</u> questions. Write the questions they were asked in French.

1

a Je travaille dans un restaurant.
b J'adore travailler dans un restaurant.
c Récemment, j'ai acheté un vélo.
d À l'avenir, je ferai un apprentissage.

2

a J'aime mon métier parce que c'est passionnant.
b Le weekend dernier, j'ai chanté à Londres.
c À l'avenir, je ferai le tour du monde.
d J'habiterai à l'étranger.

Think carefully about ...
• the tense you need
• how to formulate the question.

Vocabulaire

Point de départ (pages 32–33)

Pour gagner de l'argent, on peut / je dois ...	(In order) to earn money, you can / I must ...
travailler dans le jardin.	work in the garden.
aider à la maison.	help at home.
aider les voisins.	help the neighbours.
trouver un petit boulot.	find a part-time job.
nourrir les animaux.	feed the animals.
faire du baby-sitting.	do babysitting.
Qu'est-ce que tu achètes avec ton argent?	What do you buy with your money?
J'achète ...	I buy ...
Je fais des économies pour acheter ...	I am saving up to buy ...

du maquillage.	make-up.
de la musique.	music.
du crédit téléphonique.	phone credit.
des fournitures scolaires.	school supplies.
des trucs à manger.	things to eat.
des billets de cinéma.	cinema tickets.
des jeux vidéo.	video games.
des vêtements.	clothes.
C'est ...	It is ...
une bonne idée.	a good idea.
une mauvaise idée.	a bad idea.
facile / difficile.	easy / difficult.
cool / ennuyeux.	cool / boring.

Unité 1 (page 34–35) *Qu'est-ce que tu veux faire plus tard?*

Qu'est-ce qu'on fait comme métier?	What job do we do?
Qu'est-ce que tu veux faire plus tard?	What do you want to do later?
Il/Elle est ...	He/She is a ...
Je veux être ...	I want to be a(n) ...
Je ne veux pas être ...	I don't want to be a(n) ...
scientifique	scientist
pilote	pilot
ingénieur(e)	engineer
danseur/danseuse	dancer
instituteur/institutrice	primary school teacher
infirmier/infirmière	nurse
policier/policière	police officer
mécanicien/mécanicienne	mechanic
musicien/musicienne	musician
architecte	architect
vétérinaire	vet
car c'est ...	because it is ...
créatif.	creative.
dangereux.	dangerous.
fatigant.	tiring.

intéressant.	interesting.
passionnant.	exciting.
utile.	useful.
varié.	varied.
À l'âge de 16 ans, je veux ...	At the age of 16, I want ...
rester à l'école.	to stay at school.
étudier les sciences.	to study science.
étudier les maths.	to study maths.
étudier le dessin.	to study art.
étudier les langues.	to study languages.
trouver un petit boulot.	to find a part-time job.
aller au lycée.	to go to sixth form college.
faire un apprentissage.	to do an apprenticeship.
faire du travail bénévole.	to do voluntary work.
travailler en équipe.	to work in a team.
travailler avec des personnes âgées.	to work with elderly people.
Je dois gagner de l'argent.	I must earn money.
J'aime aider les autres.	I like helping others.
J'adore les enfants.	I love children.
J'adore les animaux.	I love animals.
J'adore les voitures.	I love cars.

Unité 2 (pages 36–37) *Qu'est-ce que tu feras à l'avenir?*

Qu'est-ce que tu feras à l'avenir?	What will you do in the future?
J'habiterai ...	I will live...
en Europe / en Afrique / à l'étranger.	in Europe / in Africa / abroad.
Je travaillerai ...	I will work ...
avec des enfants.	with children.
chez Google.	at Google.

J'achèterai ...	I will buy ...
une belle maison.	a beautiful house.
une Ferrari rouge.	a red Ferrari.
J'aurai...	I will have ...
une Mobylette.	a moped.
cinq enfants.	five children.
un petit copain.	a boyfriend.
une petite copine.	a girlfriend.

Unité 2 (pages 36–37) *Qu'est-ce que tu feras à l'avenir?*

J'irai …	*I will go …*	Je serai …	*I will be …*
à New York / en Chine	*to New York / to China*	célèbre / marié.	*famous / married.*
en Amérique du Sud.	*to South America.*	heureux/heureuse.	*happy.*
Je ferai …	*I will do …*	Je gagnerai beaucoup	*I will earn a lot of money.*
du travail bénévole.	*voluntary work.*	d'argent.	
du snowboard.	*snowboarding.*	J'aiderai les autres.	*I will help others.*

Unité 3 (pages 38–39) *Retour vers le futur*

À l'avenir, le monde sera comment?	*What will the world be like in the future?*	Ce sera …	*It will be …*
On portera des vêtements «intelligents».	*We will wear "smart" clothes.*	très différent.	*very different.*
		passionnant.	*exciting.*
On mangera des insectes.	*We will eat insects.*	effrayant.	*frightening.*
On voyagera en voiture sans conducteur.	*We will travel by driverless car.*	dangereux / utile.	*dangerous / useful.*
		Il y aura un robot	*There will be a robot*
On achètera tout en ligne.	*We will buy everything online.*	pour aider / travailler …	*to help / work …*
On ira en vacances sur la Lune.	*We will go on holiday on the moon.*	Il …	*It …*
		organisera … / fera …	*will organise … / will do …*
Il y aura …	*There will be …*	ira … / jouera …	*will go … / will play …*
un robot dans chaque maison.	*a robot in every house.*	coupera (les cheveux).	*will cut (hair).*
		appliquera (du maquillage).	*will apply (make-up).*
des collèges virtuels pour les élèves.	*virtual schools for pupils.*	rapportera … / examinera …	*will bring (back) … / will examine …*
des drones dans chaque entreprise.	*drones in every business.*	décidera … / donnera …	*will decide … / will give …*

Unité 4 (pages 40–41) *Profil d'un inventeur ou d'une inventrice*

Il est inventeur.	*He is an inventor.*	Pourquoi est-ce que tu veux être inventeur / inventrice professionnel(le)?	*Why do you want to be a professional inventor?*
Il est né …	*He was born …*		
Il a immigré …	*He immigrated …*		
Il a fait des études …	*He studied …*	Qu'est-ce que tu as inventé récemment, et quand?	*What did you invent recently, and when?*
Il a développé …	*He developed …*		
Il a inventé …	*He invented …*	Avec qui est-ce que tu as travaillé sur ton invention?	*Who did you work with on your invention?*
un robot pour aider les personnes handicapées.	*a robot to help people with disabilities.*		
		J'ai travaillé seul(e).	*I worked alone.*
des lunettes pour traduire en anglais.	*glasses to translate into English.*	J'ai travaillé en équipe.	*I worked in a team.*
		Qu'est-ce que tu inventeras à l'avenir?	*What will you invent in the future?*
Qu'est-ce que tu fais comme métier?	*What is your job?*		
Où est-ce que tu travailles pour gagner de l'argent?	*Where do you work to earn money?*	À mon avis, ce sera utile.	*In my opinion, it will be useful.*

Stratégie

Recycling language

Make sure you **identify**, **learn** then **recycle** key vocabulary in different contexts. You might not need to reuse the sentence '*on mangera des insectes*', but *on mangera* (we will eat) is a key phrase to recycle when you are talking about what you will eat tonight at home, tomorrow at the canteen or next year on holiday.

Module 3

Ma vie en musique

1 Ils jouent de quel instrument?

Il/Elle joue …

du violon   du piano   de la batterie

de la clarinette   de la flûte

de la guitare sèche

de la guitare électrique

de la trompette

2 De quels pays du monde francophone viennent ces types de musique?

Le jazz traditionnel …

La musique de la harpe celtique …

Le zouk …

Le raï …

a vient de Bretagne, en France.

b vient d'Algérie, en Afrique du Nord.

c vient de la Nouvelle-Orléans, aux États-Unis.

d vient de Guadeloupe et de Martinique, aux Antilles.

Did you know …?

The town of New Orleans in Louisiana was founded by the French. It was sold by the Emperor Napoleon to the USA in 1803! The old town still has a strong French flavour.

3 Écoute. À ton avis, c'est quel genre de musique? (1–6)

C'est …

du jazz   **du hip-hop**   **de la techno**   **du R'n'B**

de l'opéra   **du rap**   *de la musique classique*   **du hard rock**

4 Associe chaque photo à la bonne description.

Les chanteurs francophones du passé

 **1** Édith Piaf

 **2** Johnny Hallyday

 **3** Mireille Mathieu

 **4** Jacques Brel

a C'était un chanteur de rock français. Il était surnommé «l'Elvis français».
b C'était une chanteuse française. Sa chanson la plus connue est *La vie en rose*.
c C'était un chanteur belge. Sa chanson la plus connue est *Ne me quitte pas*.
d C'est une chanteuse française, née en 1946. Elle a vendu plus de 150 millions d'albums!

> French teenagers often listen to pop songs in English, to help them learn the language. Try watching some French pop videos to see how much you understand.

5 Qui est-ce?

Les chanteurs francophones du présent

 **1**

 **2**

 **3**

 **4**

a C'est Louane, une chanteuse française. Elle a participé au concours télévisé *The Voice: la plus belle voix*.
b C'est Soprano, un chanteur. Il est né à Marseille mais ses parents sont nés aux Îles Comores. Son tube à ne pas rater est *Fragile*.
c C'est Zaz, une chanteuse française. Son tube à ne pas rater est *Je veux*.
d C'est Maître Gims, un rappeur franco-africain. Il est né en République Démocratique du Congo.

un tube	a hit
rater	to miss

Point de départ

- Talking about your musical tastes
- Using direct object pronouns (*le, la, les*)

1 Regarde la photo pendant trente secondes. Puis ferme le livre et écoute. Chaque phrase est vraie (V) ou fausse (F)? (1–6)

2 Copie et complète la description de la photo de l'exercice 1. Puis lis ta description à haute voix.

> Sur la photo, il y a un groupe pop. Dans le groupe, il y a __1__ et __2__ .
>
> À gauche, il y a une fille qui __3__ avec un micro. Elle a les cheveux __4__ .
>
> À droite, il y a un garçon qui porte __5__ et qui joue __6__ .
>
> Derrière lui, au fond, il y a un garçon qui joue __7__ . Il porte __8__ .
>
> Je pense qu'ils jouent de la musique __9__ .

derrière lui/elle behind him/her

3 Écoute la musique et la conversation. Quelle est l'opinion de Noah? Complète ses réponses avec le bon adjectif. (1–6)

1 Comment tu trouves **le** chanteur?   Je **le** trouve assez …
2 Comment tu trouves **la** mélodie?   Je **la** trouve un peu …
3 Comment tu trouves **les** paroles?   Je **les** trouve très …
4 Comment tu trouves **le** rythme?   Je **le** trouve un peu …
5 Comment tu trouves **les** musiciens?   Je **les** trouve assez …
6 Comment tu trouves **la** chanson en général?   Je **la** trouve vraiment …

bête   démodée   intéressant   bons   ennuyeux   originales

> **Ce n'est pas mon truc.** It's not my thing.

> Remember, you can use *trouver* (to find) to ask for or give opinions.
>
> *Comment tu trouves la chanson?*
> What do you think of the song? (How do you find the song?)

> You use a direct object pronoun (him/her/it/them) to replace a noun. It goes <u>in front of</u> the verb.
>
> | masculine | feminine | plural |
> |---|---|---|
> | Je **le** trouve … | Je **la** trouve … | Je **les** trouve … |
> | (I find him/it …) | (I find her/it …) | (I find them …) |
>
> Abbreviate *le* and *la* to *l'* before a vowel sound:
> *Je l'aime.* (I like him/her/it.)   *Je l'adore.* (I love him/her/it.)

Page 74

Parler

4 **En tandem. Écoute la chanson et note tes opinions. Puis pose des questions à ton/ta camarade.**

- *Comment tu trouves la chanteuse?*
- *Je la trouve assez ennuyeuse. Et toi?*
- *Je suis d'accord / Je ne suis pas d'accord.*
  Je la trouve …

Take care with your pronunciation of cognates and near cognates!

How do you pronounce the following in French?

le rythme   la mélodie   la guitare
les musiciens   original

Remember, adjectives must agree with the noun.
Some of the patterns of agreement are:

m. singular	f. singular	m. plural	f. plural
amusant	*amusante*	*amusants*	*amusantes*
démodé	*démodée*	*démodés*	*démodées*
bête	*bête*	*bêtes*	*bêtes*
ennuyeux	*ennuyeuse*	*ennuyeux*	*ennuyeuses*
bon	*bonne*	*bons*	*bonnes*
original	*originale*	*originaux*	*originales*
nul	*nulle*	*nuls*	*nulles*

Which adjectives change their sound when they agree?

Écouter

5 **Écoute et lis. Réponds aux questions en anglais. Puis traduis en anglais les phrases en gras.**

Qu'est-ce que tu aimes comme musique?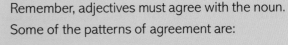

 J'aime beaucoup la musique de Soprano, surtout sa chanson *Fragile*. C'est ma chanson préférée car j'adore les paroles. **Je les trouve très émouvantes. Jamel**

 Je ne joue pas d'un instrument, mais **j'aime toutes sortes de musique**. J'écoute souvent du hip-hop parce que j'adore le rythme. **Ça me donne envie de chanter et de danser! Clémence**

 Je joue de la flûte dans l'orchestre de mon collège. J'adore écouter de la musique classique, car je la trouve très relaxante. **Quand je suis triste, ça me rend heureuse. Adèle**

 L'année dernière, **j'ai vu Vianney en concert** et c'était génial! C'est mon chanteur préféré et je le trouve hyper-cool. **À mon avis, sa musique est inspirante. Mathis**

1 What does Jamel say about the song *Fragile*? (Give two details).
2 What effect does hip-hop have on Clémence?
3 When Adèle is sad, what makes her happy?
4 What did Mathis do last year?
5 What does he think of the singer Vianney? (Give three details).

To say 'I love (Rihanna's) music', you have to say 'I love the music of (Rihanna)': *j'adore la musique de (Rihanna)*.

Parler

6 **Regarde la photo et réponds aux questions.**

- Qu'est-ce qu'il y a sur la photo?
- Est-ce que tu joues d'un instrument?
- Qu'est-ce que tu aimes comme musique? Pourquoi?

Tu étais comment?

• Describing what you used to be like
• Using the imperfect tense

1 Écoute et lis la chanson. Mets les images dans le bon ordre.

Quand j'étais petit ...

Quand j'étais petit,
J'avais les cheveux bouclés.
J'étais très sage et mignon
Mais parfois un peu méchant!

Quand j'étais petit,
Je portais une casquette bleue.
Je jouais avec des LEGO®
Chez mon ami, Matthéo.

Quand j'étais petit,
J'allais à l'école primaire.
J'aimais les cours de dessin
Avec Madame Lepin.

Quand j'étais petit,
Je détestais les légumes.
Je mangeais des glaces au citron
Et parfois trop de bonbons,

Quand j'étais petit.

sage	well behaved
mignon(ne)	sweet, cute
méchant(e)	naughty

2 Recopie et traduis en anglais les <u>huit</u> **verbes en gras**.

Exemple: J'avais – I used to have

3 Écoute et note les détails suivants en anglais. (1–2)

a what he/she used to be like / look like
b what he/she used to wear
c what he/she used to do at home / school
d what he/she used to love / hate eating

You use the imperfect tense to say '**used to**'. To form the imperfect tense, take *–ons* off the (present tense) *nous* form, and add these endings:

je jou**ais**	I used to play
tu jou**ais**	you (singular) used to play
il/elle/on jou**ait**	he/she/we used to play
nous jou**ions**	we used to play
vous jou**iez**	you (plural or polite) used to play
ils/elles jou**aient**	they used to play

The underlined verbs above are all pronounced the same!

You use the *nous* form 'stem', not the infinitive 'stem', as they are different in some verbs:

(finir) nous finissons ➡ finiss– ➡ je finiss**ais**
(boire) nous buvons ➡ buv– ➡ je buv**ais**
(faire) nous faisons ➡ fais– ➡ je fais**ais**

The only verb which has an irregular imperfect stem is *être*:

j'**ét**ais elle **ét**ait nous **ét**ions (etc.)

Page 74

Parler 4

En tandem. Fais une conversation avec ton/ta camarade. Pour t'aider, utilise les idées dans les bulles.

- *Quand tu étais petit(e), tu étais comment?*
- *J'avais les cheveux <u>longs et noirs</u>. J'étais <u>assez timide</u>.*

- *Qu'est-ce que tu portais?*
- *Je portais <u>un sweat jaune et des baskets rouges</u>.*

- *Qu'est-ce que tu faisais à la maison / à l'école?*
- *Je jouais / Je faisais / J'allais …*

- *Qu'est-ce que tu aimais?*
- *J'adorais … Cependant, je n'aimais pas / je détestais …*

Need to refresh your memory for exercise 4? Look at these ideas with a partner and jot down some French vocabulary you could use!

1 hair – colour – long, short, curly …?
personality – well behaved, cute, shy …?

2 clothes – items of clothing, colour?

3 activities – games, hobbies, sports, music …?

4 likes / dislikes – food, drink, school subjects?

Lire 5

Lis le texte. Corrige l'erreur dans chaque phrase en anglais.

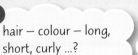

Ma vie d'ado
Quel ado étiez-vous?

J'étais un ado calme, je n'étais jamais rebelle. J'habitais au Rwanda, en Afrique, mais au collège, j'avais des copains qui étaient belges ou suisses.

Corneille, chanteur

Amélie Etasse, actrice

Quand j'étais triste, je restais dans ma chambre et je lisais beaucoup. Cependant, au collège, je faisais du théâtre et du coup j'ai décidé que je voulais être actrice!

Raphaël, chanteur

Ma matière préférée, c'était le français, car j'avais une prof de français très sympa qui avait des idées plutôt originales. Par contre, je ne comprenais rien en maths.

du coup	so, therefore
par contre	on the other hand
comprendre	to understand

1 Corneille was a rebellious teenager.
2 He only had Rwandan friends at school.
3 Amélie used to read when she was bored.
4 At school, she decided to become a musician.
5 Raphaël did not like his French teacher.
6 He understood his maths lessons very well.

Écrire 6

Traduis les phrases en français.

1 When I was little, I used to have blond hair.
2 I was quite shy and very well-behaved.
3 At primary school, I played the drums.
4 I used to wear a blue shirt with a green cap.
5 I loved sweets, but I hated cheese.

In English, we don't always say 'used to':

When I <u>was</u> little, I <u>played</u> with dolls and I <u>loved</u> chocolate.

Whether or not you are using the words 'used to' in English, use the imperfect tense in French to talk about how things were in the past.

Écrire 7

Quand tu étais petit(e), tu étais comment? Écris un paragraphe.

Quand j'étais petit(e), j'étais assez timide, mais très mignon(ne). J'avais les cheveux blonds et …

2 Ton école primaire était comment?

- Comparing your primary and secondary schools
- Using the comparative

1 Écoute et lis. Mets les questions dans l'ordre du texte.

Exemple: a, ...

Mon école primaire

Mon école primaire était de taille moyenne. Le bâtiment était moderne, mais un peu laid. Il y avait trois cents élèves.

J'étudiais le français, l'anglais, les maths, l'histoire-géo, les sciences et la technologie. Ma matière préférée, c'était le français parce que j'adorais lire.

En général, j'étais très heureuse à l'école, car j'avais beaucoup d'amis et j'aimais bien mon institutrice.

Mon institutrice s'appelait Madame Zola. Elle avait les cheveux roux et elle portait des lunettes. Normalement, elle était très sympa.

a Ton école primaire était **comment**?

b Il y avait **combien d**'élèves?

c Ton instituteur ou institutrice était **comment**?

d **Qu'est-ce que** tu étudiais?

e **Quelle** était ta matière préférée? **Pourquoi**?

f Tu étais heureux (–euse) à l'école? **Pourquoi** (pas)?

> In France, *l'école primaire* (primary school) is divided into two stages:
> - 3 to 6 years old: *l'école maternelle*
> - 6 to 11 years old: *l'école élémentaire*.
>
> Children normally follow both stages of their primary education in the same school building.

2 Relis le texte. Copie et complète le tableau.

School buildings / facilities	
Number of pupils	
Subjects studied	
Favourite subject and reason	
Feelings about school and reasons	
Class teacher – name / appearance / personality	

> **G**
> As well as meaning 'used to ...', the imperfect tense is used to <u>describe</u> someone or something <u>in the past</u>:
>
> *Mon école primaire **était** assez grande.*
>   My primary school <u>was</u> quite big.
>
> *Mon instituteur **avait** les cheveux courts.*
>   My teacher <u>had</u> short hair.
>
> *Il y **avait*** (there was/were) is the imperfect tense of *il y **a*** (there is/are).

Page 74

3 Écoute. C'est quelle question de l'exercice 1? Note les détails en anglais pour chaque réponse. (1–6)

Exemple: **1** a – school quite big, not very ...

En tandem. Prépare tes réponses aux questions de l'exercice 1. Puis interviewe ton/ta camarade.

- *Ton école primaire était comment?*
- *Mon école primaire était <u>assez grande, mais pas très moderne</u>.*

Mon école primaire était	grande / petite / de taille moyenne.
Le bâtiment était	moderne / vieux / beau / laid.
Mon instituteur était Mon institutrice était	drôle / sévère / gentil(le) / patient(e) impatient(e) / sympa.
J'étudiais Ma matière préférée, c'était	l'anglais / les sciences …
J'étais heureux(–euse) Je n'étais pas heureux(–euse)	parce que … j'aimais … / j'adorais … / je détestais …

Read the text. Who mentions the following things about school? (1–5)

Qu'est-ce que tu préfères: l'école primaire ou le collège?

Agathe
Pour moi, les activités extrascolaires du collège sont plus amusantes que les activités de l'école primaire. Du coup, je préfère le collège, car je suis très sportive!

Cédric
Je préférais mon école primaire. Mon instituteur était moins sérieux que mes profs au collège.

Mehmet
Au collège, la journée scolaire est trop longue! Cependant, les repas de la cantine du collège sont meilleurs que les repas de la cantine de l'école primaire.

Vanessa
Au collège, l'emploi du temps est plus chargé, mais les cours sont plus stimulants que les cours de l'école primaire. Donc, je préfère le collège.

1 food

2 timetable

3 after-school activities

4 teachers

5 the school day

Relis le texte de l'exercice 5. Écris deux listes en anglais:

a arguments in favour of primary school
b arguments in favour of secondary school.

Écoute. Les verbes sont au présent ou à l'imparfait? Écris P ou I. (1–6)

TRAPS: Listen carefully for the **T**ense of the verbs. Think about the difference in sound between the present and the imperfect.

il/elle **est** / *il/elle* **était**   *il y* **a** / *il y* **avait**

You use the comparative to compare two or more things:

plus + adjective (+ *que* …)   **more** … (than …)

moins + adjective (+ *que* …)   **less** … (than …)

The adjective must agree with the first noun mentioned:

*Ma prof de français est **plus** sérieuse **que** mon instituteur.*

Plus or *moins* can also be used without *que*:

*Au collège, les cours sont **plus** difficiles.*

meilleur/meilleure/meilleurs/meilleures means 'better'.

Page 75

Écris un texte sur ton école primaire et ton collège.

- Write about what your primary school was like (size, buildings, etc.).
- Describe your primary school teacher.
- Say what your favourite subject was and why.
- Compare your primary school with your secondary school.

À l'école primaire, les cours étaient plus … que les cours du collège.

Les repas de la cantine du collège sont moins … que les repas de la cantine de l'école primaire.

Autrefois ...
aujourd'hui ...

- Talking about how things have changed
- Using the present and imperfect tenses together

Lire

1 Lis et comprends le quiz. Les mots en bleu se prononcent comment?

il y a ... ans	... years ago
autrefois	in the past

Quiz: que sais-tu de l'histoire de la musique?

1 Il y a cent ans, pour écouter de la musique ...
- **a** on achetait des **CD**.
- **b** on allait à un **concert**.
- **c** on utilisait Spotify.

2 Il y a cinquante ans, écouter de la musique à la radio ...
- **a** était plus **populaire** qu'aujourd'hui.
- **b** était moins populaire qu'aujourd'hui.
- **c** n'était pas **possible**.

3 Il y a soixante ans, on écoutait souvent ...
- **a** du **rap** et du **hip-hop**.
- **b** la musique des Beatles.
- **c** de la musique **punk**.

4 Pour écouter de la musique aujourd'hui, ...
- **a** on utilise un **gramophone**.
- **b** on achète des **cassettes** audio.
- **c** on écoute en **streaming**.

5 Aujourd'hui, acheter des disques en vinyle ...
- **a** est moins populaire qu'autrefois.
- **b** est plus populaire qu'autrefois.
- **c** n'est pas possible.

6 Aujourd'hui, les jeunes Français écoutent ...
- **a** de la musique **classique**.
- **b** la musique d'Édith Piaf.
- **c** toutes **sortes** de musique.

Parler

2 En tandem. Fais le quiz de l'exercice 1.

- *Il y a cent ans, pour écouter de la musique, on achetait des CD, on allait à un concert, ou on utilisait Spotify?*
- ■ *À mon avis, on allait à un concert.*
- *Je suis d'accord. / Je ne suis pas d'accord. À mon avis, ...*

Écouter

3 Écoute et vérifie.

Écouter

4 Écoute. Chaque phrase en anglais est vraie (V) ou fausse (F)?

1 She used to create playlists on her iPod.
2 At the moment, his half-brother listens to a lot of R'n'B.
3 Her mother and father used to have different musical tastes.
4 He and his best friend watch YouTube music clips together.

maintenant	*now*

- Use the <u>imperfect tense</u> to say how things <u>were</u> or <u>used to be</u>.
- Use the <u>present tense</u> to say how things are <u>now</u>.

imperfect tense	present tense
Il y a (quarante) ans ...	*Aujourd'hui ...*
on achetait *on écoutait* *on utilisait ...*	*on achète* *on écoute* *on utilise ...*

Which questions and answers in the quiz in exercise 1 are in the imperfect tense? Which are in the present tense? And why?

Remember, *on* can be used to mean 'people (in general)'. It takes the same part of the verb as *il/elle*.

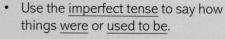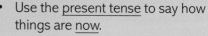

Listen for TRAP**S**!

Tense – is the speaker referring to how things <u>used to be</u> (imperfect tense) or how things are <u>now</u> (present tense)?

Subject – <u>who</u> is the speaker referring to? Listen carefully for <u>nouns</u> and <u>pronouns</u> (*je, il, elle, nous*, etc.).

Page 75

5 Écris un article sur l'histoire de la musique.

Include these details and add some photos:
* how people listened to music in the past: *Il y a <u>soixante</u> ans, pour écouter de la musique, on …*
* what they listened to: *On écoutait …*
* how it's different today: *Aujourd'hui, c'est très différent! On …*
* your opinion of music today: *À mon avis, écouter de la musique maintenant est beaucoup plus / moins … qu'autrefois parce que …*

6 Lis le texte et trouve les <u>trois</u> phrases correctes en anglais.

Quand mamie était jeune …

Ma grand-mère a soixante-deux ans et je l'aime beaucoup, car elle est vraiment cool!

Il y a quarante-cinq ans, quand mamie avait dix-sept ans, sa passion était la musique disco. Elle achetait des cassettes audio qu'elle écoutait sur son gros radio-cassette dans sa chambre.

Quand elle était jeune, mamie adorait aussi danser. Un soir, elle est allée à une discothèque en ville. C'est là qu'elle a rencontré mon grand-père! Papi a invité mamie à danser et ils ont dansé ensemble toute la soirée.

Maintenant, mamie adore toutes sortes de musique. Elle télécharge des chansons sur son portable et elle les écoute dans la cuisine. À son avis, écouter de la musique aujourd'hui est plus facile qu'autrefois. Moi, j'écoute en streaming sur mon smartphone, mais parfois, mamie et moi écoutons de la musique ensemble et c'est chouette.

Louis

rencontrer	to meet

1 Louis' grandmother is forty-five.
2 She used to listen to cassettes in the kitchen.
3 She met Louis' grandfather at a disco.
4 She thinks listening to music was easier when she was young.
5 She downloads songs on to her phone.
6 Louis and his grandmother listen to music together.

G

* Use the <u>imperfect tense</u> to say 'used to …' or to <u>describe things in the past</u>: *Sa passion **était** la musique disco; elle **achetait** des cassettes audio.*
* Use <u>the perfect tense</u> to refer to <u>single actions in the past</u>: *Elle **est allée** à la discothèque; elle **a dansé** avec mon grand-père.*

How many examples of each tense can you find in exercise 6?

 Page 75

7 En tandem. Imagine que tu es Louis. Invente une interview avec ta grand-mère. Utilise les questions suivantes.

* *Il y a quarante-cinq ans, quel genre de musique est-ce que tu aimais?*

* *Comment est-ce que tu écoutais de la musique?*

* *Comment est-ce que tu as rencontré papi?*

* *Comment est-ce que tu écoutes de la musique maintenant?*

* *À ton avis, écouter de la musique aujourd'hui est plus compliqué qu'autrefois?*

■ *Ma passion …*

■ *J'achetais … que j'écoutais ….*

■ *Je suis allée … Il m'a invitée … Nous avons …*

■ *Je … sur mon …*

■ *À mon avis, …*

1 Écoute et lis le podcast. Traduis en anglais les mots en gras.
Puis réponds aux questions en anglais.

Hekmat est un **jeune musicien réfugié syrien**. **Il est né** à Damas, la capitale de la Syrie. **Il y a cinq ans**, Hekmat a quitté la Syrie **à cause de la guerre**. Il a immigré en Suisse.

En Syrie, Hekmat habitait dans un petit village. Tous les jours, pour aller à l'école, il faisait **un trajet** de quinze kilomètres. C'était très dangereux parce qu'il y avait souvent **des bombardements**.

Maintenant, Hekmat est **plus heureux**. **Il apprend** le français et il le trouve assez facile. Il adore aussi la musique! Il joue du oud – un instrument arabe traditionnel.

À l'avenir, Hekmat **veut devenir musicien professionnel**. Plus tard, après la guerre, il veut rendre visite à sa famille et ses amis en Syrie.

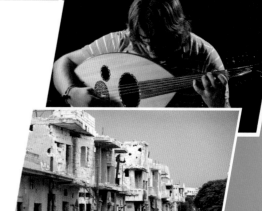

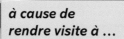

à cause de	*because of*
rendre visite à …	*to visit …*

1 Where did Hekmat immigrate to from Syria?

2 Give two reasons why his journey to school was difficult in Syria.

3 How does Hekmat find learning French?

4 What musical instrument does he play?

5 What does he want to become in the future?

6 What does Hekmat want to do after the war?

2 Identifie le bon paragraphe du texte de l'exercice 1.

Which paragraph:
1 is all in the present tense?
2 is in the present and the perfect tense?
3 uses *vouloir* + infinitive to talk about future plans?
4 is in the imperfect tense?

3 Écoute et lis. Puis traduis les questions en anglais.

1 Où est-ce que tu es né?
2 Quand est-ce que tu as immigré en Suisse?
3 Pourquoi est-ce que tu as quitté la Syrie?
4 Où est-ce que tu habitais?
5 Qu'est-ce que tu fais maintenant?
6 Qu'est-ce que tu veux faire à l'avenir?

G

You use:
- the <u>present tense</u> to say what is happening <u>now</u>:
  *Il **joue** du oud. Il **apprend** le français.*
- the <u>perfect tense</u> to talk about <u>single actions in the past</u>:
  *Il **est né** à Damas. Il **a quitté** la Syrie.*
- The <u>imperfect tense</u> to say 'used to …', or <u>describe something</u> in the past:
  *Il **habitait** dans un village. C'**était** dangereux.*

You can use *vouloir* + infinitive ('want to …') to describe future plans:
  *Il **veut devenir** musicien professionnel.*

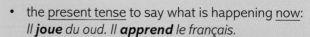
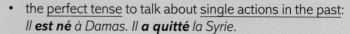
Page 75

Pay special attention to:
- the <u>question word</u>: is it asking what? why? where? when?
- the <u>tense</u> of each question: think about how to translate each verb correctly.

4 **En tandem. Interviewe Hekmat. Utilise les questions de l'exercice 3.**

- *Où est-ce que tu es né?*
- ■ *Je suis né à Damas, la capitale de la Syrie.*

> To answer questions as Hekmat, you need to change the verbs in exercise 1 to the 'I' form:
> *Il est né* … (He was born) ➡ *Je suis né* … (I was born)
> *Il habitait* … (He used to live) ➡ *J'habitais* … (I used to live)
> Remember also to change *son/sa/ses* (his) to *mon/ma/mes* (my).

5 **Écoute les interviews et choisis les bonnes réponses.**

1 **Naima** est née … **a** au Yémen. **b** au Canada.
2 Elle a quitté le Yemen … **a** pour étudier. **b** à cause de la guerre.
3 Au collège, elle … **a** joue dans l'orchestre. **b** chante avec de jeunes réfugiés.

4 **Ibrahim** a quitté le Soudan à cause de … **a** sa famille. **b** la famine.
5 Il a immigré en France … **a** avec un membre de sa famille. **b** seul.
6 À l'avenir, il veut être … **a** musicien professionnel. **b** professeur de musique.

7 **Anya** habitait au Myanmar dans … **a** un petit village. **b** une grande ville.
8 Elle a quitté le Myanmar à cause de … **a** son éducation. **b** la persécution.
9 Maintenant, elle … **a** travaille comme infirmière. **b** étudie au collège.

J'ai quitté (le Yémen) …	à cause de	la famine.
Ma famille et moi avons quitté (la Syrie) …		la guerre.
		la pauvreté.
		la persécution.

6 **En tandem. Écris une interview avec Fatima. Adapte les questions de l'exercice 3 et utilise les détails dans le tableau.**

Name	Fatima
Born in …	Baghdad, capital of Iraq (l'Iraq)
Used to live in …	village 5 km from Baghdad
Left Iraq because of …	war and poverty
Immigrated to France …	10 years ago
What she does now	goes to school, plays violin in orchestra
Future plans	be professional musician or music teacher

7 **Lis le texte. Copie et complète les phrases en anglais.**

Il y a un grand nombre de jeunes réfugiés. Ils quittent leur pays d'origine à la recherche d'un meilleur avenir.

Ils viennent souvent de la Syrie, de l'Afghanistan ou d'Afrique.

D'habitude, les causes de la migration sont la guerre, la violence, la persécution ou la pauvreté.

Le voyage vers un autre pays est souvent dangereux. Les réfugiés passent des semaines en bateau ou ils font beaucoup de kilomètres à pied. Souvent, ils n'ont rien à boire et à manger.

Tous les ans, quatre mille réfugiés meurent en traversant la Méditerranée.

Si tu veux aider, le 20 juin est la Journée Internationale des Réfugiés.

1 Refugees leave their home country in search of ▭.
2 They often come from ▭.
3 The causes of migration are ▭.
4 Refugees spend weeks on ▭, or ▭.
5 Often, they have nothing to ▭.
6 Every year, ▭ die crossing the Mediterranean.
7 If you want to help, ▭.

Bilan

P

I can ...

- describe a group of musicians .... *Elle joue du violon. Il joue de la batterie.*
- describe my music tastes .... *J'écoute souvent du hip-hop car j'adore le rythme.*
- use **direct object pronouns** .... *Comment tu trouves la chanson? Je la trouve très originale.*

1

I can ...

- say what I used to be like .... *Quand j'étais petit(e), j'avais les cheveux frisés.*
- use the **imperfect tense** .... *Je mangeais des bonbons. Je faisais du vélo.*

2

I can ...

- describe my primary school .... *Mon école primaire était assez petite. Il y avait trois cents élèves.*
- compare my primary and secondary schools .... *Mon collège est plus moderne que mon école primaire.*
- use the **comparative** .... *Au collège, les cours sont plus difficiles que les cours de l'école primaire. Au collège, les profs sont moins intéressants que mon instituteur de l'école primaire.*

3

I can ...

- describe how things used to be .... *Il y a cent ans, on écoutait la radio, ou on allait à un concert.*
- contrast the past with the present .... *Autrefois, on achetait des CD. Aujourd'hui, on écoute en streaming.*
- use the **present and imperfect** tenses correctly .... *Autrefois, on écoutait la radio. Aujourd'hui, on écoute sur un smartphone.*
- use the **perfect and imperfect** tenses correctly ...... *Elle est allée à un concert car elle adorait le rock 'n' roll.*

4

I can ...

- interview a young refugee .... *Où est-ce que tu es né(e)? Pourquoi est-ce que tu as quitté la Syrie?*
- ask and answer questions in **different tenses** .... *Qu'est-ce que tu fais maintenant? J'apprends le français; Quand est-ce que tu as immigré? J'ai immigré il y a six ans.*
- use **vouloir** + infinitive to describe future plans ..... *Il veut devenir musicien professionnel.*

Révisions

1 Write down six types of musical instrument and make up a sentence about each one, using the correct gender.

Example: **la** guitare – Mon frère joue de **la** guitare.

2 In pairs. Say how often you listen to different types of music.

- *J'écoute souvent <u>du R'n'B</u>. Parfois j'écoute …*
- *De temps en temps … Je n'écoute jamais …*

3 Match up the questions and answers. Look at gender and adjective endings!

1 Comment tu trouves le chanteur?
2 Comment tu trouves la mélodie?
3 Comment tu trouves les musiciens?
4 Comment tu trouves les paroles?

a Je la trouve démodée.
b Je les trouve très bonnes.
c Je les trouve intéressants.
d Je le trouve assez original.

4 Put these verbs into the imperfect tense and write sentences about your childhood. Try to use all of the verbs.

Example: J'allais à l'école primaire.

aller   avoir   être   faire   jouer   porter

5 Write out these sentences in the comparative, comparing your secondary and primary schools. Make the adjective agree where necessary.

Example: Le terrain de sport du collège est plus grand que le terrain de sport de l'école primaire.

1 le terrain de sport (+ grand)
2 ma salle de classe (– moderne)
3 les devoirs (+ difficile)

4 ma prof d'anglais (– gentil)
5 les repas de la cantine (meilleur)

6 Translate this passage into English.

Il y a soixante ans, pour écouter de la musique, on achetait des disques en vinyle. Autrefois, on écoutait souvent du rock 'n' roll. Cependant, aujourd'hui, les jeunes téléchargent toutes sortes de musique sur un portable ou ils écoutent en streaming.

7 In pairs. Which tense or structure does each of these sentences use?
Present tense, perfect tense, imperfect tense or *vouloir* + infinitive?

1 C'était dangereux.
2 J'apprends le français.
3 J'ai immigré il y a six ans.
4 Je suis né(e) en Iraq.

5 Je veux devenir chanteur professionnel.
6 Il y avait des bombardements.
7 Je chante dans une chorale.
8 J'habitais dans un village.

8 In pairs. Ask the following questions and answer using the sentences in exercise 7.

Où est-ce que tu es né(e)?

Où est-ce que tu habitais?

Pourquoi est-ce que tu as quitté l'Iraq?

Quand est-ce que tu as immigré en France?

Qu'est-ce que tu fais maintenant?

Qu'est-ce que tu veux faire, à l'avenir?

1 You read this post about the benefits of music, on a French website.

La musique a changé ma vie!

J'ai beaucoup changé depuis que je joue de la basse dans le groupe de rock du collège.

Avant, je n'aimais pas du tout l'école: je ne travaillais pas bien, je n'avais pas beaucoup de copains, je me sentais un peu rejeté.

En 3ème, j'ai commencé à apprendre la basse et du coup, j'ai rejoint le School of Rock du collège.

Quatre fois par semaine, à midi, je répète avec le groupe. Nous jouons la musique de groupes comme Queen et Téléphone. Parfois, nous donnons des concerts.

Maintenant, je suis beaucoup plus heureux. Je travaille plus sérieusement en classe, je suis moins timide et je me suis fait de nouveaux amis.   **Liam, 15 ans**

1 Name <u>two</u> problems Liam had at school before he started playing bass in the band.
2 How often and when does he rehearse with the group?
3 How does Liam feel now?
4 Name <u>three</u> ways in which Liam has changed.

TRAPS – look at the **T**ense of the verbs. Which ones refer to the past and which refer to the present?

Also pay attention to negatives and other small words (*peu de; moins*) which change the meaning of a sentence.

2 Read this extract from *Journal de Jamila*, by Franck Andriat. Jamila, a girl from Morocco, is describing what her life was like after she immigrated to Brussels.

Il y a sept ans, quand je suis arrivée dans ce pays, on m'a mise en troisième année; je parlais trop peu de français pour être en quatrième.

Autrefois, j'étais plus angoissée que maintenant. Les gens de ce pays, leur langue, le climat, tout me faisait peur. Je ne comprenais rien en classe, mais je faisais de gros efforts pour faire des progrès.

Cependant, à la maison, quand je rentrais avec de mauvaises notes, mon père se fâchait contre moi. Après quatre ans, c'était mieux.

angoissé(e)	anxious, worried
faire peur	to frighten

Choose the correct answer to complete each sentence and write down the letters.

1 Jamila arrived in Belgium … years ago.
   a three   **b** four   **c** seven
2 She was put into the third year because …
   a she was too young.   **b** she didn't speak much French.
   c she had missed a lot of school.
3 At that time, she was … than she is now.
   a more afraid   **b** more confident   **c** more hard-working
4 In lessons, she found it difficult to …
   a stay awake.   **b** understand.   **c** make an effort.
5 When she got home, her father used to …
   a be pleased to see her.   **b** get angry with her.
   c ask her lots of questions.

You don't need to understand every word. Use the questions to help you understand the text. Don't jump to conclusions though! A word may crop up in the text – but is it the correct answer to the question?

3 **Translate this passage into English.**

Il y a trente ans, pour écouter de la musique, on achetait des CD ou on écoutait la radio. Aujourd'hui, les jeunes écoutent souvent en streaming sur un portable. Autrefois, le rap et le hip-hop étaient moins populaires que maintenant. À mon avis, écouter de la musique aujourd'hui est beaucoup plus facile que quand mes parents avaient mon âge.

4 **Listen to this Swiss radio phone-in, in which listeners are comparing their primary and secondary schools. For each speaker, write down one advantage and one disadvantage of his/her secondary school. (1–2)**

	advantage	disadvantage
1 Luc		
2 Amandine		

Words such as *cependant* (however) and *par contre* (on the other hand) indicate that someone is about to give the opposite point of view.

Small words such as *plus* (more) and *moins* (less) are key to getting the right answers here.

5 **Tu écoutes un podcast. On discute avec Yusef, un jeune réfugié iraquien. Choisis les bonnes réponses.**

1 La famille de Yusef a quitté l'Iraq parce que …
   a c'était dangereux.
   b son oncle est mort.
   c l'appartement était trop petit.

2 Maintenant Yusef …
   a n'a pas beaucoup d'amis.
   b apprend une nouvelle langue.
   c joue d'un instrument.

3 À l'avenir Yusef …
   a veut travailler au Canada.
   b veut devenir médecin.
   c ne veut pas retourner en Iraq.

Remember the **S** in TRAP**S**!

Subject: who is Yusef referring to each time? Himself or someone else? Listen for which pronoun and part of the verb he uses: *je suis / elle est*; *je veux / elle veut*.

 Boîte à outils **Your speaking test**

When you do a speaking test, you might have a limited time to prepare two tasks. Use your preparation time wisely! Try to limit yourself to:

- **Role play:** about a third of the time

Don't spend too long on this. You only need to give short answers.

- **Photo card:** about two thirds of the time

Don't spend too long on the first question. Allow time for the others.

Don't forget to think about what the surprise question might be.

 Parler 1

En tandem. Regarde le jeu de rôle et discute en anglais. Puis prépare et note tes réponses.

> Which two pieces of information do you need to give here?

> The topic is music. Listen for the question word: is it 'where'? 'when'? 'how'?

Tu parles de la musique avec ton ami(e) français(e).
- Musique – ta préférence et **une** raison
- **!**
- Émissions de musique – fréquence
- Quand tu étais enfant – goûts musicaux
- **?** Instrument

> The final word tells you the question will be about how often you do something.

> Which question do you need to ask? Who are you talking to? Should you use *tu* or *vous*?

> *goûts musicaux* are 'musical tastes'. This is a question about when you were a child, so which tense should you use?

 Parler 2

Écoute et fais le jeu de rôle de l'exercice 1 trois fois. Utilise tes notes. Attention: il y a une question-surprise différente dans chaque jeu de rôle. (1–3)

 Parler 3

En tandem. Regarde la photo et les questions et prépare tes réponses.

- Qu'est-ce qu'il y a sur la photo?
- Tu aimes les cours de musique? Pourquoi? / Pourquoi pas?
- Ton école primaire était comment?
- **?**

 Parler 4

En tandem. Écoute et réponds aux questions. Fais attention à la question-surprise. (1–2)

> In exercise 4, you will hear a surprise question.

Boîte à outils **Accuracy in writing**

When you **write**, it is especially important to be **accurate**.

Allow time to **check** and **correct** what you have written.

Check:

- spelling (and accents). Take particular care with cognates (e.g. *intéressant*), and words with complex spelling (*aujourd'hui, meilleur*).
- grammar: have you used the correct … ?
  - verb tense and verb ending (e.g. *je joue* or *je jouais*)
  - noun gender and adjective agreement (e.g. **la** *mélodie ennuy***euse**)

Don't think word-by-word. Think of how each 'chunk' of a sentence works in French (I used to study – *j'étudiais*; French – *le français*). Make sure you put the words in the right order (e.g. five years <u>ago</u> – **il y a** *cinq ans*).

 Écrire

5 **Translate these sentences into French.**

> Say 'in the orchestra of the school'.

> Use the comparative – 'less patient than …'. Remember agreement.

1 I play the violin in the school orchestra.
2 Madame Lemont, my French teacher, is not as patient as my primary school teacher.
3 When I was little, I used to sing and dance in the garden.
4 Fifty years ago, people listened to the radio or went to concerts.
5 In the future, I want to go to Africa, where I want to be a doctor.

> You need to use two different words for 'teacher'.

> Think about the word order!

> Which tense do you need here?

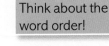 Lire

6 **Look at the writing task and read the pupil's response. Then answer the questions.**

1 Has the pupil covered all four bullet points in her answer?

2 Is there an <u>opinion</u> in each paragraph? Which paragraphs include <u>reasons</u>?

3 The pupil uses <u>connectives</u> to link phrases or sentences. Make a list of the connectives she uses.

4 The pupil refers to <u>three different time frames</u>. Which time frame is covered in each paragraph? How can you tell this?

5 The pupil creates three complex sentences, one using a <u>direct object pronoun</u>, one using <u>the comparative</u> and one using *pour* + infinitive. Find the sentences. What do they mean?

> **Tu décris ta vie d'adolescent(e) pour ton blog.**
>
> Décris:
> - tes préférences musicales
> - les aspects positifs et négatifs de ton collège
> - ce que tu faisais quand tu étais petit(e)
> - tes projets d'avenir.
>
> Écris **80–90** mots en **français**. Réponds à chaque aspect de la question.

> J'aime surtout écouter du R'n'B parce que j'adore le rythme. Je le trouve très relaxant. Cependant, je n'aime pas tellement le rap ou le hip-hop.
>
> À mon avis, les cours du collège sont plus stimulants que les cours de l'école primaire. Par contre, les devoirs de français sont trop difficiles!
>
> Quand j'étais petite, j'allais à l'école primaire. J'adorais le dessin car c'était assez créatif, mais je détestais les maths.
>
> À l'avenir, je veux aller à l'université pour étudier l'anglais. Je veux devenir institutrice parce que j'adore les enfants.

 Écrire

7 **Écris ta réponse. Utilise le texte de l'exercice 6 comme modèle.**

En plus

1 Écoute et lis le texte. Pour t'aider, regarde l'image.

In *Au secours! Mon frère est un ado*, by Sophie Rigal-Goulard, the home life of the young narrator, William, is turned upside-down when his sixteen-year-old stepbrother, Grégoire, moves in.

Grégoire est rentré après avoir passé le weekend chez sa mère. Il n'a pas l'air heureux. Il jette son sac dans un coin et s'allonge sur son lit.

Comme d'habitude, il met son casque sur la tête, branche son iPod et monte le volume au maximum. Je peux parfaitement entendre sa musique. Ce soir, c'est du rap. Greg hoche la tête en cadence: il n'est pas capable de faire un mouvement plus énergique.

If there is an illustration with a text, it might help you to understand what is going on. What does the picture here tell you? Are there any words or phrases you can guess the meaning of by looking at the picture?

2 Copie et complète le résumé en anglais du texte de l'exercice 1.

1 Grégoire has just got home after spending _____.
2 He doesn't look _____.
3 He throws _____ in the corner and stretches out _____.
4 As usual, he puts his headphones _____, plugs in _____ and turns _____.
5 William can _____ perfectly. This evening, _____.
6 Greg nods _____ in time to the music. He's incapable of _____.

3 Trouve dans le texte l'équivalent en français des mots suivants. Pour t'aider, utilise l'exercice 2.

1 (he) got home
2 he throws
3 a corner
4 his headphones
5 (he) plugs in
6 (he) turns up
7 perfectly
8 (he) nods

4 En tandem. Invente une interview avec le narrateur, William. Pose les questions suivantes.

Invent an interview with William. Use the ideas in the 'clouds' and discuss other ideas with your partner.

- *Qu'est-ce que ton demi-frère, Grégoire, aime faire?*
- *Il ...*

- *Est-ce que tu t'entends bien avec lui?*
- *...*

- *Comment tu trouves Grégoire? Pourquoi?*
- *Je le trouve ... parce qu'il ...*

adore écouter ...

seul / dans sa chambre

- je (ne) m'entends (pas) bien avec lui
- je me dispute avec lui

- assez / un peu / trop ... arrogant / égoïste / paresseux
- pas très gentil

5 Réécoute et relis la chanson à la page 58. Réponds aux questions.

1 Which two lines in each verse rhyme or nearly rhyme?
2 How many syllables are there in the first line of each verse?
3 How many syllables are there in line 2 and line 3 of each verse? Is it always the same?

6 En tandem. Trouve et recopie les cinq groupes de mots qui riment. Il y a quatre mots dans chaque groupe. Puis lis chaque groupe de mots à haute voix.

Remember, words which rhyme may have endings which are spelt differently.

For example: *attendu   plus   rue   salut …*

tête	frisés	copains	BD	train		Chloé	arrogant
Nolan	café	Juliette	géographie	baskets		marrant
spaghettis					
R'n'B	jardin	Quentin	gentil	lunettes	charmant

7 Écris cinq paires de phrases qui riment. Utilise les mots de l'exercice 6, les verbes ci-dessous et ton imagination!

Exemple: J'avais les cheveux frisés. Je lisais souvent des BD.

j'aimais   je détestais   j'étais   je lisais   je regardais

j'avais   j'écoutais   je jouais   je mangeais   je portais

8 Regarde les couplets de la chanson. Devine les mots qui riment. Puis écoute et vérifie.

Quand j'étais ado,
J'avais les cheveux mi-longs.
J'étais très cool et marrante
Mais parfois un peu   .

Quand j'étais ado,
Je jouais à des jeux vidéo
Sur ma Xbox ou sur ma
Avec mon casque sur la   ,

Quand j'étais ado.

9 En tandem. Imagine que tu as maintenant vingt-deux ans!
Écris une chanson ou un rap sur ce sujet: «Quand j'étais ado».

• Use the imperfect tense.
• Aim to write four verses of four lines each.
• Follow the rhyme pattern and syllable-count of the song in exercise 8.
• To find more rhyming words, use the *Vocabulaire* pages at the end of each module.
• Use the music provided, or compose your own! Alternatively, make it a rap.
• Perform your song or rap, or make a music video for the class to watch.

Grammaire

Direct object pronouns (Point de départ, page 56)

1 Copy and complete the answers, using the correct direct object pronoun. In questions 4–8, make the adjective in brackets agree, if necessary.

Comment tu trouves …

1 … le chanteur Soprano? Je ⬚ trouve génial!
2 … la chanson *Fragile*? Je ⬚ trouve très originale.
3 … les paroles? Je ⬚ trouve belles.
4 … la mélodie? Je ⬚ trouve assez (intéressant).
5 … le rythme? Je ⬚ trouve très (bon). J'adore ça!
6 … les musiciens? Je ⬚ aime beaucoup. Je ⬚ trouve (excellent).
7 … la vidéo de *Fragile*? Je ⬚ regarde souvent. Je ⬚ trouve (émouvant).
8 … le dernier album? Je ⬚ écoute tout le temps! Je ⬚ trouve (fabuleux).

You use a direct object pronoun (him / her / it / them) to replace a noun. It goes <u>in front of</u> the verb.

masculine	feminine	plural
Je **le** trouve …	Je **la** trouve …	Je **les** trouve …
(I find him/it …)	(I find her/it …)	(I find them …)

 Abbreviate *le* and *la* to *l'* before a vowel sound:
Je **l'**aime. (I like him/her/it.)
Je **l'**adore. (I love him/her/it.)

 Remember, adjectives must agree with the noun.

m. singular	f. singular	m. plural	f. plural
amusant	amusant**e**	amusant**s**	amusant**es**
ennuy**eux**	ennuy**euse**	ennuy**eux**	ennuy**euses**
bon	bon**ne**	bon**s**	bon**nes**
original	original**e**	origin**aux**	original**es**

The imperfect tense (Unit 1, page 58, and Unit 2, page 60)

2 Copy and complete the sentences. Choose the correct verb from the box and put it into the imperfect tense form required. Then make up three sentences using the leftover verbs.

Example: J'habitais dans un petit village.

1 J' ⬚ dans un petit village.
2 Je ⬚ une casquette bleue.
3 Je ⬚ avec mes amis.
4 J' ⬚ timide et très sage.
5 J' ⬚ les cheveux frisés.
6 Je ⬚ du vélo dans le jardin.
7 J' ⬚ les fruits, mais je ⬚ les légumes.
8 Je ⬚ du lait ou du jus d'orange.

aimer	avoir	aller	boire
détester	écouter	être	faire
habiter	jouer	porter	regarder

You use the imperfect tense to say <u>used to</u> do something:
Je jouais avec mes amis. **J'allais** à l'école primaire.
or to <u>describe something</u> in the past:
L'instituteur **était** gentil. Il **avait** les cheveux noirs.

To form the imperfect tense, take –*ons* off the *nous* form in the present tense and add these endings:

portons ➡ *port–*

*je port**ais***	I used to wear
*tu port**ais***	you (singular) used to wear
*il/elle / on port**ait***	he/she / we used to wear
*nous port**ions***	we used to wear
*vous port**iez***	you (plural or polite) used to wear
*ils/elles port**aient***	they used to wear

Make sure you use the *nous* form 'stem', not the infinitive, as they are different in some verbs:

(*finir*) *nous finissons* ➡ *finiss–* ➡ *je finiss**ais*** (I used to finish)
(*boire*) *nous buvons* ➡ *buv–* ➡ *je buv**ais*** (I used to drink)
(*faire*) *nous faisons* ➡ *fais–* ➡ *je fais**ais*** (I used to do / make)

The only verb which has an irregular imperfect stem is *être*:

j'étais   elle **était**   nous **étions** (etc.)

3 Copy and complete the text, putting the verbs in brackets into the imperfect tense.

Mon école primaire (**être**) assez petite. Il y (**avoir**) dix salles de classe. J'(**étudier**) cinq matières. Mon institutrice (**être**) assez sévère. Elle (**avoir**) les cheveux bruns et elle (**porter**) des lunettes. J'(**adorer**) le français parce que c'(**être**) amusant. À midi, je (**manger**) à la cantine. Les cours (**finir**) à 15h30.

Which imperfect verb ending do you need each time? Is it 'I', 'she', 'it', 'they'?

Remember, in French, 'it' is *il* or *elle*.

Note: the *nous* form of *manger* is *mangeons*, so the imperfect 'stem' is *mange–*.

The comparative (Unit 2, page 61)

4 Write sentences comparing a secondary and a primary school.
Follow the example and use the adjective in brackets, making it agree where necessary.

> **+** = *plus*   **−** = *moins*

Example: la salle de réunion **+** (grand)

La salle de réunion du collège est **plus** grand**e que** la salle de réunion de mon école primaire.

1 l'uniforme (m) **+** (démodé)
2 les cours (m) **−** (intéressant)
3 les activités sportives (f) **−** (varié)
4 les devoirs (m) **+** (difficile)
5 la cantine (meilleur)

You use the comparative to compare two or more things:

plus + adjective (+ *que* …)   **more** … (than …)

moins + adjective (+ *que* …)   **less** … (than …)

The adjective must agree with the first noun mentioned:

La prof de maths du collège est **plus** *gentill***e** **que** *l'institutrice de mon école primaire.*

Plus or *moins* can also be used without *que*:

Les cours du collège sont **plus** *stimulant***s***.*

*meilleur/meilleure/meilleur***s***/meilleur***es*** means 'better'.

Different tenses (Unit 3, pages 62–63 and Unit 4, page 64)

5 Copy and complete the text, choosing the correct tense of each verb (perfect or imperfect). Then translate the text into English.

Quand mon père était jeune, il **a adoré / adorait** le rock. Tous les weekends, il **a travaillé / travaillait** dans un café et un jour, il **a acheté / achetait** une guitare électrique. Un soir, ma mère **est allée / allait** à un concert où elle **a regardé / regardait** mon père jouer dans son groupe. Après le concert, maman **a invité / invitait** papa à manger une pizza et ils **ont discuté / discutaient**. Un an plus tard, ils se sont mariés!

- Use the <u>present tense</u> to say what is happening <u>now</u>:
Je **joue** *du violon.*

- Use the <u>perfect tense</u> to talk about <u>single actions in the past</u>:
Je **suis né** *à Paris.*
Elle **a immigré** *en France.*

- Use the <u>imperfect tense</u> to say '<u>used to …</u>', or to <u>describe something</u> in the past:
*J'***habitais** *en Syrie.*
*C'***était** *dangereux.*

You can use *vouloir* + infinitive to refer to future plans:

Je **veux devenir** *professeur.*

6 Copy and complete these questions and answers, using the correct person and tense or verb structure.

1 *Où est-ce que tu es née?*   Je   en Syrie.
2 *Où est-ce que tu   ?*   J'habitais dans la capitale, Damas.
3 *Pourquoi est-ce que tu as quitté la Syrie?*   J'   la Syrie à cause de la guerre.
4 *Qu'est-ce que tu   maintenant?*   Je   au collège et je   de la flûte.
5 *Qu'est-ce que tu veux faire à l'avenir?*   Je   médecin et je   en Afrique.

Vocabulaire

Point de départ (pages 56–57)

Sur la photo, il y a un groupe pop.	In the photo, there is a pop group.
À gauche/droite, il y a …	On the left/right, there is …
une fille qui chante.	a girl who is singing.
un garçon qui porte …	a boy who is wearing …
Il/Elle a les cheveux …	He/She has … hair.
Derrière lui/elle	Behind him/her
Il/Elle joue …	He/She is playing …
du violon / du piano.	the violin / the piano.
de la batterie.	the drums.
de la clarinette.	the clarinet.
de la flûte.	the flute.
de la guitare.	the guitar.
de la trompette.	the trumpet.
du jazz / du R'n'B.	jazz. / R'n'B.
de la musique classique.	classical music.
du hip-hop / du rap.	hip-hop. / rap music.
du hard rock.	hard rock.
de la techno.	techno music.
Comment tu trouves …	What do you think of …
le chanteur/la chanteuse?	the singer?
la mélodie?	the melody?
les paroles?	the lyrics?
le rythme?	the rhythm?
les musiciens?	the musicians?
la chanson en général?	the song in general?
Je le/la/les trouve …	I find it/them …
démodé(s/e/es).	old-fashioned.
original/originaux/ originale(s).	original.
ennuyeux/ennuyeuse(s).	boring.
bon(s)/bonne(s).	good.
bête(s).	stupid.
Qu'est-ce que tu aimes comme musique?	What sort of music do you like?
J'aime toutes sortes de musique.	I like all sorts of music.
J'écoute souvent du hip-hop.	I often listen to hip-hop.
Ça me donne envie de danser.	It makes me want to dance.
Ça me rend heureux/ heureuse.	It makes me happy.
Sa musique est inspirante.	His/Her music is inspiring.
Est-ce que tu joues d'un instrument?	Do you play an instrument?
Je ne joue pas d'un instrument.	I don't play an instrument.
Je joue de la flûte.	I play the flute.

Unité 1 (pages 58–59) *Tu étais comment?*

Tu étais comment?	What were you like?
Quand j'étais petit(e) …	When I was younger …
j'avais (les cheveux frisés).	I used to have (very curly hair).
j'étais	I used to be
sage / méchant(e).	good / naughty.
timide / mignon(ne).	shy / cute.
je n'étais pas très sage.	I didn't use to be very well behaved.
Qu'est-ce que tu portais?	What did you wear?
Je portais (un sweat jaune).	I used to wear (a yellow sweatshirt).
Qu'est-ce que tu faisais à l'école?	What did you do at school?
Qu'est-ce que tu faisais à la maison?	What did you do at home?
Je jouais …	I used to play …
Je faisais …	I used to do …
J'allais …	I used to go …
Je lisais …	I used to read …
Je restais (dans ma chambre).	I used to stay (in my bedroom).
Qu'est-ce que tu aimais?	What did you like?
J'aimais (le chocolat).	I used to like (chocolate).
Cependant, je n'aimais pas (le poisson).	However, I didn't use to like (fish).

Unité 2 (pages 60–61) *Ton école primaire était comment?*

Ton école primaire était comment?	What was your primary school like?
Mon école primaire était …	My primary school was …
grande / petite.	big / small.
de taille moyenne.	middle-sized.
Le bâtiment était …	The building was …
moderne / vieux.	modern / old.
beau / laid.	beautiful / ugly.
Il y avait combien d'élèves?	How many pupils were there?
Il y avait trois cents élèves.	There were 300 pupils.

Unité 2 (pages 60–61) *Ton école primaire était comment?*

Ton instituteur était comment?	What was your primary school teacher like?
Il/Elle était …	He/She was …
drôle / gentil(le).	funny / kind.
sévère / impatient(e).	strict / impatient.
patient(e) / sympa.	patient / nice.
Qu'est-ce que tu étudiais?	What did you study?
J'étudiais l'anglais.	I studied English.
Quelle était ta matière préférée?	What was your favourite subject?
Ma matière préférée, c'était le français.	My favourite subject was French.
J'adorais lire.	I loved to read.
Tu étais heureux/heureuse à l'école?	Were you happy at school?
J'étais heureux/heureuse …	I was happy …
J'aimais … / J'adorais …	I liked … / I loved …
Je détestais …	I hated …
Je préférais mon école primaire.	I preferred my primary school.
Je préfère le collège.	I prefer secondary school.
Les activités extrascolaires du collège sont plus amusantes.	The extra-curricular activities at secondary school are more fun.
Mon instituteur était moins sérieux que mes profs au collège.	My primary school teacher was less serious than my teachers at secondary school.
La journée scolaire est trop longue!	The school day is too long!
Les repas de la cantine sont meilleurs.	The meals at the canteen are better.
L'emploi du temps est plus chargé.	The timetable is fuller.
Les cours sont plus stimulants.	The lessons are more stimulating.

Unité 3 (pages 62–63) *Autrefois … aujourd'hui …*

il y a (six) ans	(six) years ago
Pour écouter de la musique, …	To listen to music, …
on achetait des CD.	people used to buy CDs.
on allait à un concert.	people used to go to a concert.
on utilisait Spotify.	people used to use Spotify.
Écouter de la musique à la radio était …	Listening to music on the radio was …
plus populaire.	more popular.
Pour écouter de la musique aujourd'hui, …	To listen to music today, …
on utilise un gramophone.	people use a gramophone.
on achète des cassettes audio.	people buy audio cassettes.
on écoute en streaming.	people listen by streaming.
Aujourd'hui, les jeunes Français écoutent …	Today, young French people listen to …
toutes sortes de musique.	all sorts of music.
de la musique rap.	rap music.

Unité 4 (pages 64–65) *De jeunes réfugiés*

Où est-ce que tu es né(e)?	Where were you born?
Je suis né(e) en / au …	I was born in …
J'habite maintenant en / au …	Now I live in …
Où est-ce que tu habitais?	Where did you live?
J'habitais …	I lived …
Maintenant, j'habite …	Now I live …
Pourquoi est-ce que tu as quitté (le Soudan)?	Why did you leave (Sudan)?
Nous avons quitté le Soudan à cause de …	We left Sudan because of …
la guerre.	war.
la pauvreté.	poverty.
la famine.	famine.
la persécution.	persecution.
Quand est-ce que tu as immigré en France?	When did you immigrate to France?
J'ai immigré en France il y a quatre ans.	I immigrated to France four years ago.
Qu'est-ce que tu fais maintenant?	What do you do now?
Je vais au collège.	I go to school.
Qu'est-ce que tu veux faire, à l'avenir?	What do you want to do in the future?
Je veux être (professeur).	I want to be (a teacher).
Je veux devenir infirmier/ infirmière.	I want to become a nurse.

Le meilleur des mondes

1 Relie chaque photo à un chiffre.

a

le nombre d'espèces animales en danger critique d'extinction

b

le nombre de pays où les collégiens ont manifesté pour le climat

c

la quantité de papier utilisée par une personne française en une année

d

la quantité de méthane produite par une vache en une année

e

le poids de la plaque de plastique de l'océan Pacifique

f

le temps nécessaire à la décomposition d'un chewing-gum

70–120 kg

500 ans

155 kg

3 000

au moins 125

80 000 tonnes

2 Regarde le graphique de l'empreinte carbone de certains aliments. C'est quel aliment? (1–6)

l'empreinte carbone *carbon footprint (the amount of CO_2 released into the atmosphere when a product is produced)*

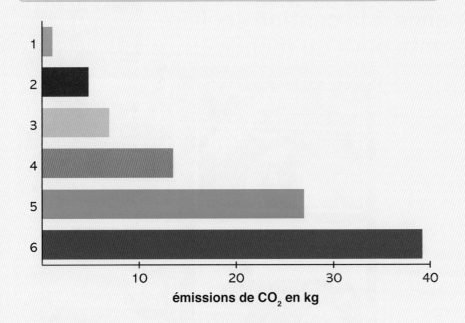

émissions de CO_2 en kg

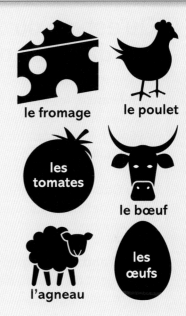

le fromage   le poulet

les tomates   le bœuf

l'agneau   les œufs

3 Trouve l'association caritative qui ...

1 ... organise des campagnes pour protéger l'environnement.

2 ... offre de l'aide médicale humanitaire internationale.

3 ... aide les adultes en situation de handicap mental.

4 ... distribue des aliments gratuits à des personnes en difficulté.

a

b

L'Arche was established in France in 1964. There are 36 *L'Arche* communities in France and 12 in the UK. Do your own research to find out more about some of the other charities.

c

d

Point de départ

- Talking about food
- Describing a photo

Lire 1 Lis et trouve la bonne photo pour chaque texte. Puis relis le texte et note en anglais les adjectifs pour chaque repas.

Qu'est-ce qu'on mange à la cantine scolaire dans les différents pays du monde?

Voici des repas « typiques » ...

1 En **France**, les élèves mangent du riz, de la viande, de la salade, du pain et un yaourt. Ils boivent de l'eau. C'est sain et équilibré.

2 Au **Gabon**, les enfants mangent du riz et des haricots. C'est simple mais savoureux.

3 En **Grande-Bretagne**, les élèves mangent du poulet, des pommes de terre, des légumes et du pain. Après, il y a un petit gâteau et ils boivent du lait. C'est assez varié.

4 Au **Brésil**, les enfants mangent de la salade, du pain, du riz avec des légumes et un fruit. C'est très varié et équilibré.

a

b

c

d

The present tense verb form with *ils* or *elles* usually ends in –**ent**:

ils mangent   *ils boivent*

Remember that the –**ent** ending is silent.

Écouter 2 Écoute le podcast et note en anglais (a) ce qu'ils mangent et (b) leur opinion du repas:

1 en Chine   2 aux États-Unis   3 en Russie   4 en Espagne

Parler 3 En groupe. Discute des quatre repas de l'exercice 1.

À mon avis …	Pour moi …					
Je pense que …	Je trouve que …					
le repas	français			savoureux			français.
	gabonais	est	plus	sain	que	le repas	gabonais.
	britannique		moins	varié			britannique.
	brésilien			équilibré			brésilien.
				simple			

Tu es d'accord?

Oui, je suis d'accord. / Non, je ne suis pas d'accord.
Je pense que …

plus … que	more … than
plus sain **que**	healthier than
moins … que	less … than / not as … as
moins varié **que**	less varied than / not as varied as

G

4 **Écris tes opinions sur les quatre repas de l'exercice 1.**

> Je trouve que le repas brésilien est plus sain que le repas britannique mais moins varié que le repas français. Pour moi, ...

 5 **Regarde la photo et complète les réponses. Puis écoute et vérifie.**

1 Sur la photo, il y a _____.
2 Ils sont _____.
3 Ils _____ un jean, une veste et un gilet vert.
4 _____ ramassent des déchets.
5 Il _____ beau et il y a du _____.

> When translating phrases such as '**they are** collect**ing**' into French, don't be tempted to use the verb 'to be' for 'they are'. There is only one present tense in French; for example, *ils ramassent* mean 'they collect' **or** 'they are collecting'.

 6 **Écris les phrases en français. Utilise le bon verbe et le vocabulaire indiqué à côté.**

1 They are wearing a green tee-shirt.
2 They are carrying plastic bags.
3 They are looking for litter.
4 They are recycling cans.
5 They are collecting bottles.

recycler	des déchets
porter	des bouteilles
chercher	des sacs en plastique
ramasser	des boîtes
porter	un tee-shirt vert

 7 **En tandem. Choisis photo A ou B. Prépare ta réponse à la question: «Qu'est-ce qu'il y a sur la photo?».**

> Mention the four Ws:
> **Who** is in the picture?
> **Where** are they?
> **What** are they wearing and doing?
> What is the **Weather** like? (Can you remember any phrases for this?)

Est-ce que tu manges de la viande?

- Discussing eating habits
- Using a range of negatives

1 Écoute et lis. Trouve l'équivalent des phrases anglaises dans le texte.

Ella	**Je ne mange pas** de viande et **je ne mange jamais** de poisson mais je mange des produits laitiers.
Julie	Depuis l'âge de 13 ans, **je ne mange plus** de viande mais je mange du poisson et des fruits de mer.
Ivo	Chez moi, nous mangeons un peu de tout. **Je ne refuse rien!**
Rosa	**Je ne mange jamais** de produits d'origine animale. **Je ne porte jamais** de vêtements en cuir.

Est-ce que tu manges de la viande?

1 **I don't eat** meat.
2 **I never wear** leather clothes.
3 **I never eat** fish.
4 **I never eat** animal products.
5 **I no longer eat** meat.
6 **I refuse nothing**!

2 Relis le texte de l'exercice 1. Qui est ...?

1 omnivore
2 végétarien(ne)
3 pescétarien(ne)
4 végan(e)

Practise saying these cognates: *végétarien/ végétarienne, végan/végane, origine animale, fruits (de mer), testé sur les animaux, céréales.*

3 Écoute et note l'expression négative. Puis écoute encore une fois et note les détails en anglais. (1–5)

Exemple: **1** *ne ... plus* – no longer eats meat or fish

These negatives all form a sandwich around the verb:

ne ... pas	not
ne ... jamais	never
ne ... plus	no longer, not any more
ne... rien	nothing, not anything

Je ***ne*** mange ***plus*** de bœuf.   I **no longer** eat beef.

After *pas*, *jamais* and *plus*, *un/une* and *du/de la/des* change to *de*:

Je ***ne*** mange ***jamais de*** porc.   I never eat pork.

4 Traduis les phrases en français.

1 I don't buy animal products.
2 I never eat vegetables.
3 I no longer wear leather clothes.
4 I don't eat anything in the morning.

Page 98

5 **En tandem. Lis l'article et décide si chaque opinion est pour (P) ou contre (C) le végétarisme et le véganisme.**

Est-ce que tu es pour ou contre le végétarisme et le véganisme?

a L'empreinte carbone de la viande est très grande. Il faut protéger l'environnement.

b La viande apporte beaucoup de vitamines importantes.

c Le régime végétarien est plus sain que le régime ordinaire.

d On doit respecter les animaux.

e Il est difficile de faire des repas variés quand on ne mange pas de viande.

f La viande, c'est très savoureux.

6 **Écoute et note les bonnes lettres de l'exercice 5 (a–f). (1–3)**

7 **Écoute encore une fois et indique les expressions du tableau qui sont utilisées dans les dialogues. (1–3)**

Giving your opinion	*À mon avis, …*	
	Je trouve que …	
	Je pense que …	
	Je suis pour …	*(le végétarisme / le véganisme)*
	Je suis contre …	
Agreeing and disagreeing	*Tu es d'accord?*	*Tu rigoles!*
	Je suis d'accord.	*Je ne suis pas d'accord.*
	Tu as raison!	*Tu as tort!*
Contrasting ideas	*par contre, …*	*cependant, …*
	d'un côté, …	*mais d'un autre côté, …*

8 **En groupe. Fais le dialogue. Utilise les raisons de l'article de l'exercice 5 et les expressions du tableau de l'exercice 7.**

- *Est-ce que tu manges de la viande?*
- *Je mange … / Je ne mange jamais de …*
- *Est-ce que tu es pour ou contre le végétarisme?*
- *Je suis pour/contre le végétarisme parce que … . Tu es d'accord?*
- *Ah non, tu as tort! À mon avis, …*

2 Action pour la nature!

Écouter 1 En tandem. Fais le quiz. Puis écoute et vérifie.

Quiz sur les ANIMAUX

1 Le mammifère le plus dangereux d'Afrique, c'est …
a la girafe.
b le lion.
c l'hippopotame.

2 On peut trouver la grenouille la plus venimeuse en …
a Chine.
b Belgique.
c Colombie.

3 Le plus petit dinosaure, c'était …
a le compsognathus.
b le stégosaure.
c le tyrannausaurus.

4 La plus grande baleine, c'est …
a la baleine noire.
b la baleine bleue.
c la baleine verte.

5 L'animal le plus rapide, c'est …
a le guépard.
b le serpent.
c le crocodile.

6 L'espèce la plus menacée, c'est …
a le tigre.
b le panda géant.
c le zèbre.

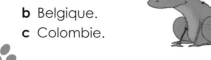

Use cognates, context and clues to work out the meaning of unknown words. Only use a dictionary when you really need to.

Parler 2 En tandem. Mémorise les bonnes réponses du quiz. Ton/Ta partenaire lit les débuts de phrases de l'exercice 1 et tu complètes les phrases.

- *Numéro 1. Le mammifère le plus dangereux d'Afrique, c'est …*
- *Le lion?*
- *Oui, tu as raison. / Non, tu as tort. C'est …*

Écrire 3 Utilise les mots donnés pour former un superlatif et écris la phrase en français.

Exemple: **1** Le pays le plus écologique, c'est la Finlande.

1 le pays – écologique – la Finlande
2 le chien – populaire – le labrador
3 l'insecte (m) – dangereux – le moustique
4 l'oiseau (m) – petit – le colibri
5 la mer – polluée – la Méditerranée
6 la forêt tropicale – grande – l'Amazonie

Remember to watch your word order.

G

The superlative is used to say 'the **most dangerous** animal', 'the **smallest** species', etc.

For adjectives that come <u>before</u> the noun:

le **plus petit** dinosaure	**the smallest** dinosaur
la **plus grande** grenouille	**the biggest** frog

For adjectives that come <u>after</u> the noun:

le mammifère le **plus dangereux**	**the most dangerous** mammal
la baleine la **plus lente**	**the slowest** whale

Page 98

4 En tandem. Lis la brochure et traduis en anglais les <u>neuf</u> expressions en gras. Puis choisis l'idée la plus importante pour toi.

Pour une organisation comme SOS NATURE, la protection des animaux est **le problème le plus grave** pour l'environnement. Sur **la liste rouge des espèces menacées**, il y a environ 3 000 **animaux en danger critique d'extinction**.

Qu'est-ce qu'il faut faire pour **protéger les animaux**?

✓ Il faut ...	✗ Il ne faut jamais ...
a **ramasser les déchets** à la campagne.	**g** acheter de souvenirs d'origine animale (**corail**, **ivoire**).
b recycler.	**h** consommer des **espèces de poisson** menacées.
c manger **moins de viande**.	
d utiliser moins de plastique.	
e **consommer** moins d'énergie.	**i** laisser des sacs en plastique sur la plage.
f aller au collège à pied ou à vélo.	

General knowledge can help you to work out what words such as *corail* and *ivoire* might mean.

5 Écoute et note l'idée la plus importante de l'exercice 4 pour chaque membre de la famille.

1 Papa   **2** Zara   **3** Mamie   **4** Édouard

6 Traduis ce blog en français.

The most endangered species is the tiger. What must we do to protect animals? I think we must recycle and we must also use less plastic. In my opinion, we must never buy animal souvenirs on holiday.

For help with the phrases in this translation, use the texts in exercises 1 and 4.

7 En groupe. Discutez des idées de l'exercice 4.

1 Quelle est l'idée la plus importante?

2 Quelle est l'idée la plus facile?

3 Quelle est l'idée la plus difficile?

● *Quelle est l'idée la plus importante?*
■ *À mon avis, il faut recycler pour préserver l'environnement. Tu es d'accord?*
▲ *Non, je ne suis pas d'accord. Je pense qu'il ne faut jamais acheter de souvenirs d'origine animale. C'est l'idée la plus importante.*

8 Écris un blog sur la protection des animaux. Utilise des expressions d'opinion.

- À mon avis, la protection des animaux est ...
- Sur la liste rouge, il y a ...
- Pour protéger les animaux, il faut ...
- Je pense qu'il ne faut jamais ...

1 Écoute et lis. Puis trouve les verbes (a–g) dans les textes. (1–8)

1 Bertille était une bouteille en plastique. Elle est née dans une usine.

2 D'abord, elle a voyagé jusqu'au supermarché en camion.

3 Ensuite, elle est rentrée à la maison avec Luc, un garçon de 14 ans.

4 Le lendemain, Bertille est allée au collège avec Luc.

5 À la récré, elle est entrée dans le bac de recyclage.

6 Puis elle a voyagé en camion jusqu'au centre de recyclage.

7 Elle a retrouvé ses anciennes amies.

8 Finalement, Bertille est devenue un ballon de foot … et elle habite maintenant chez Luc!

a she was born	**e** she entered
b she travelled	**f** she met up with
c she went home	**g** Bertille became
d she went	

G

pronoun

part of *avoir* or *être*

Remember, the perfect tense has three parts:

elle a retrouvé ← past participle

In the texts, there are lots of verbs that take *être*, for example:

elle est entrée   **she** enter**ed**

Can you count how many?

2 Relis le texte de l'exercice 1 et réponds aux questions en français.

1 <u>Où</u> est-ce que Bertille est née?
2 <u>Comment</u> est-ce qu'elle a voyagé jusqu'au supermarché?
3 <u>Qu'est-ce</u> qu'elle a fait à la récré?
4 <u>Qui</u> est-ce qu'elle a retrouvé au centre de recyclage?
5 <u>Pourquoi</u> est-ce qu'elle habite maintenant chez Luc?

First of all, identify the <u>question word</u> used in each question. To answer, lift words and phrases directly from the text.

3 Écoute et note les verbes qui manquent. Puis traduis l'histoire en anglais.

Bernard **1** dans une usine. Après un voyage en camion, il **2** au supermarché.

Puis il **3** au bureau avec Maya. À midi, Maya **4** dans le parc et elle a jeté Bernard à la poubelle.

Mais le vent **5** Bernard jusqu'à la rivière. Ensuite Bernard **6** dans la mer. Il **7** maintenant dans l'estomac d'une baleine.

4 Écoute les interviews et note s'ils parlent du plastique (a) au collège, (b) à la maison ou (c) au supermarché. Puis écoute encore une fois et note les détails en anglais. (1–3)

Qu'est-ce que tu fais pour éliminer/réduire le plastique?	
Je recycle	le plastique.
Je refuse	les sacs en plastique.
J'organise	des campagnes anti-plastique.
J'achète	des produits recyclés.
J'utilise	une bouteille réutilisable / un sac réutilisable.

5 En tandem. Discute du plastique. Utilise les verbes du tableau et les pronoms *je* et *nous*.

- *Qu'est-ce que tu fais pour éliminer le plastique?*
- *J'achète des produits recyclés et …*
  Au collège, nous recylons le plastique.

> If you talk about what you do with family or school friends, use the *nous* form.

6 Traduis ce message en anglais.

> Translate every detail.

L'année dernière, nous avons organisé une campagne anti-plastique et maintenant nous recyclons le plastique et le papier. Au collège, je n'utilise plus de bouteilles en plastique.

> Which negative is this?

> Watch for different tenses.

Au supermarché, je refuse les sacs en plastique parce que j'ai acheté un sac en coton. Ma mère a acheté une bouteille réutilisable et elle la trouve très pratique.

> What sort of structure is this?

7 Lis les textes et réponds aux questions en anglais.

> **notre/nos** *our*

Qu'est-ce que tu fais pour réduire le plastique?

 À l'école primaire, j'utilisais une nouvelle bouteille en plastique tous les jours. Mais récemment, notre collège a organisé une campagne anti-plastique et j'ai acheté une bouteille réutilisable. **Vanessa, 15 ans**

 Au collège, nous recyclons le plastique et nos profs utilisent des gobelets réutilisables. En ville, quand je vais dans les magasins, je refuse les sacs en plastique. Mais, quand j'étais petit, je ne faisais rien pour réduire le plastique. Aujourd'hui, j'achète des produits recyclés. **Mohammed, 14 ans**

1 What did Vanessa use to do at primary school?
2 What has happened recently at her secondary school? (two details)
3 What does Mohammed say about his school? (two details)
4 What does he say about going into town?
5 How has Mohammed changed? (two details)

> Look at how Vanessa and Mohammed use different tenses:
>
> Present tense for what they do now.
>
> Imperfect tense for what they used to do.
>
> Perfect tense for things they did / events in the past.

8 Écris un petit texte. Réponds aux questions.

Pour réduire l'utilisation du plastique …
- Qu'est-ce que <u>tu fais</u> normalement?
- Qu'est-ce que <u>tu faisais</u> quand tu étais petit(e)?
- Qu'est-ce que <u>tu as fait</u> la semaine dernière au collège?

4 J'aimerais changer le monde …

- Talking about what you would like to do
- Using the conditional tense (*j'aimerais* and *je voudrais*)

Écouter 1

En tandem. Choisis un infinitif pour compléter chaque phrase. Écoute et vérifie. Puis décide si tu voudrais faire ça aussi: oui (✓) ou non (✗).

Qu'est-ce que tu voudrais faire pour changer le monde?

1 J'aimerais _____ moins de vêtements.

2 J'aimerais _____ moins de viande.

3 Je voudrais _____ plus de produits bio.

4 J'aimerais _____ le plastique à usage unique.

5 Je voudrais _____ du travail bénévole.

6 Je voudrais _____ membre d'un groupe écologique.

consommer   devenir   faire
manger   acheter   refuser

***moins de* (+ noun)**	less / fewer
***plus de* (+ noun)**	more

Écouter 2

Écoute. Copie et complète le tableau en anglais pour chaque personne. (1–4)

Qu'est-ce que tu fais pour l'environnement?

Qu'est-ce que tu aimerais faire? Pourquoi?

	what he/she does at the moment	what he/she would like to do	reason
1			

G

j'aimer**ais**	I would like
tu aimer**ais**	you would like
il/elle/on aimer**ait**	he/she/we would like
nous aimer**ions**	we would like
vous aimer**iez**	you would like
ils/elles aimer**aient**	they would like

J'aimerais réutiliser plus de produits.
   I would like to reuse more products.

Je voudrais is another way of saying
'I would like'.

Page 99

Parler 3

En tandem. Prépare une présentation pour Ali ou Gabi. Utilise les notes.

Ali

At the moment …
– recycles plastic bottles
– eats lots of meat

Would like to …
– refuse single-use plastic
– organise an anti-plastic campaign

Reason:
– we must protect animals

Gabi

At the moment …
– buys lots of clothes
– does voluntary work

Would like to …
– consume more organic products
– eat less meat

Reason:
– we must protect the environment

- Use the **present tense** to say what you do <u>at the moment</u>: *Je recycle … J'achète …*

- Use the **conditional tense** to say what you <u>would like</u> to do: *J'aimerais recycler … Je voudrais acheter …*

- Use ***il faut*** + infinitive to say what you <u>must</u> do: *Il faut recycler … Il faut protéger …*

- Use ***car*** or ***parce que*** to give reasons.

4 Lis le texte. Puis complète les phrases en anglais.

J'ai manifesté pour l'environnement – pourquoi?

Je trouve que le problème le plus grave pour l'environnement, c'est la pollution des mers.

J'aime beaucoup les animaux. L'année dernière, au collège, j'ai organisé une campagne anti-plastique pour protéger les animaux marins.

Le weekend, je fais du travail bénévole avec un groupe de jeunes. Je ramasse les déchets sur la plage de notre ville. Le weekend dernier, nous avons trouvé une tonne de déchets.

Je pense que mes parents ne font rien pour protéger les océans. Ils ne recyclent jamais. Au fastfood, ils ne refusent jamais le plastique à usage unique.

Moi, je voudrais utiliser moins d'eau à la maison. J'aimerais aussi réparer plus de choses et consommer moins. À mon avis, le plus grand problème pour les ados, c'est l'environnement.   **Alex**

1 For Alex, sea pollution is …
2 Last year at school, he …
3 At the weekend, he … (<u>four</u> details)

4 Last weekend, they …
5 His parents … (<u>three</u> details)
6 Alex would like to … (<u>three</u> details)

5 Relis le texte et trouve:

* three different subject pronouns
* two present tense verbs
* two perfect tense verbs
* two conditional tense verbs ('I **would like** …')

* two negative expressions
* two superlatives
* three different phrases to give opinions.

6 Écoute et note les <u>quatre</u> phrases vraies.

Mia
a Mia recycle les bouteilles en plastique.
b Elle a refusé le plastique à usage unique.
Sam
c Sam n'a jamais acheté de corail.
d Il est membre d'un groupe écolo.
e Il a travaillé dans un zoo.

Laure
f Laure n'est plus végane.
g Elle a manifesté pour le climat.
h Elle voudrait recycler plus et acheter moins.

TRAPS: Before you start, identify the **T**ense in each statement. Then work out what each one means in English, watching out for negatives! When you listen, focus on the <u>verbs</u>.

7 Écris ta réponse à la question: «Pourquoi est-ce que tu as manifesté pour l'environnement?».

Mentionne:

* le problème le plus grave pour l'environnement
* ce que tu as fait **récemment**: *J'ai recyclé … J'ai organisé …*
* ce que tu fais **aujourd'hui**: *Je recycle … J'organise …*
* ce que **tu aimerais** faire: *Je voudrais recycler … J'aimerais organiser …*

Bilan

P | **I can ...**
- talk about what people eat and drink .... *Ils mangent des frites. Ils boivent de l'eau.*
- give opinions on meals .... *C'est varié / savoureux.*
- describe a photo .... *Sur la photo, il y a ... Ils portent ...*
- ■ use the **comparative** .... ***plus** sain **que**, **moins** simple **que***
- use the **present tense** to say what people
  are doing .... *Ils **cherchent** ... Ils **recyclent** ...*

1 | **I can ...**
- talk about (not) eating meat .... *Je mange de la viande. Je suis végétarien(ne).*
- take part in a discussion .... *Je suis pour / contre ... Tu as raison!*
- ■ use **negative** expressions .... *Je **ne** mange **plus** de viande.*
  *Je n'achète **jamais** de poisson.*

2 | **I can ...**
- talk about animals .... *L'animal le plus rapide, c'est ...*
- say what we must do to protect animals .... *Il faut recycler. Il ne faut jamais acheter de*
  souvenirs d'origine animale.
- use the **superlative** ....***la** grenouille **la plus venimeuse**,*
  ***le plus grand** animal*

3 | **I can ...**
- talk about plastic and the environment .... *Il faut acheter des produits recyclés.*
  Je refuse les sacs en plastique.
- ■ refer to two different time frames .... *nous recyclons, elle est allée, j'utilisais*

4 | **I can ...**
- talk about what I would like to do to change .... *J'aimerais acheter moins de vêtements. /*
  the world *Je voudrais faire du travail bénévole.*
- ■ use the **conditional** tense verbs *je voudrais*
  and *j'aimerais* + infinitive .... ***Je voudrais utiliser** ... **J'aimerais devenir** ...*
- ■ use and understand a range of tenses .... *je recycle / j'ai recyclé / je voudrais recycler*

Révisions

1 **In pairs. Take turns to read out the sentences, completing each one with *plus* or *moins*. Then write three similar sentences of your own for your partner to complete.**

1 À mon avis, la viande est … savoureuse que le poisson.
2 Je pense que l'eau est … saine que le jus de fruit.
3 Je trouve que le régime végétarien est … varié que le régime ordinaire.
4 Pour moi, la nature est … importante que l'industrie.

2 **In pairs. Think up two or three different endings for each sentence.**

Pour protéger l'environnement, …

1 il faut … 2 il ne faut jamais … 3 je voudrais …

3 **Write the French words in the correct order to translate the English phrases.**

1 the most important problem *plus le le important problème*
2 the biggest giraffe *la girafe grande plus*
3 the most beautiful bird *bel le plus oiseau*
4 the most endangered animal *plus le menacé l'animal*

4 **What did each person do on Environment Day?**

> **Annie** a organisé une campagne anti-déchets au collège. **Théo** est allé à Paris où il a manifesté pour le climat. **Céline** a acheté un sac en coton et une bouteille réutilisable. **Didier** n'a pas mangé de viande.

5 **Translate the sentences into French.**

1 I don't smoke.
2 I never smoke.
3 I don't smoke any more.
4 I smoke on holiday.

> **I smoke** *je fume*

6 **Say each phrase in French. Then complete each phrase in French with your own words about an aspect of the environment.**

1 In my opinion … 2 I think that … (x2) 3 I am for … 4 Are you for or against …?

7 **Read Sam's message. Then look at the verbs and write in English which <u>two</u> things he:**

a did in the past
b does now
c would like to do.

> J'aimerais manger moins de viande. Je suis membre d'un groupe écolo et nous avons organisé une campagne anti-bœuf. Quand j'étais plus jeune, je jetais mes bouteilles en plastique à la poubelle. Maintenant je recycle tout. Mais je voudrais aussi réduire mon utilisation du plastique.

Lire 1 Read this extract, adapted from an authentic text. Who does what to help the environment? Write the correct name.

Le bon geste au collège

Anna J'utilise des crayons et des règles en bois et je choisis des cahiers en papier recyclé.

Manu Je jette mes déchets à la poubelle – je ne jette jamais rien par terre.

Camille Je mets toujours mon chewing-gum usagé dans un petit papier, et puis je le mets à la poubelle.

Candie Au collège, j'ai créé un club nature pour planter des arbres et installer des mangeoires pour les oiseaux.

Moussa J'ai demandé au directeur du collège de mettre trois poubelles dans chaque salle de classe pour trier les déchets.

Blaise Je n'imprime pas mes documents informatiques, ou je les imprime en recto verso.

1 … disposes of chewing gum properly.
2 … improved recycling at school.
3 … is careful about printing out school work.
4 … doesn't drop litter.
5 … takes care of trees and birds.
6 … is careful when buying school equipment.

> The English statements sum up what the people say. Look for clue words and draw your own conclusions.

Lire 2 Read Oli's blog and answer the questions in English.

Dans notre ville en Belgique, il y a un «jeudi végétarien» toutes les semaines. Au collège et dans l'hôpital, nous ne mangeons pas de viande ou de poisson.

D'un côté, l'empreinte carbone des légumes est moins grande que l'empreinte carbone de la viande. Il faut protéger l'environnement. Mais d'un autre côté, je trouve la viande très savoureuse. En plus, à mon avis, il est difficile d'avoir un régime équilibré si on ne mange plus de viande.

Mais les jeunes ne sont pas le plus grand problème; ce sont les adultes. Jeudi dernier, mes parents sont allés au restaurant dans la ville voisine et ils ont mangé des fruits de mer et un énorme steak. J'aimerais les faire changer d'avis mais ce n'est pas facile. **Oli**

1 What happens in Oli's town every Thursday, and where? (4)
2 What arguments does Oli give (a) for, and (b) against this idea? (4)
3 Who are more accepting of the idea: young people or adults? (1)
4 What happened last Thursday? (3)
5 What does Oli say in his last sentence? (2)

> The number of marks for each question helps you know how many details to give.

Lire

3 Translate this text into English.

What sort of structure is this?

Wendie fait du travail bénévole dans le zoo le plus populaire d'Europe. Hier elle a travaillé avec les pingouins mais demain elle va être avec les serpents venimeux. Wendie aimerait trouver un emploi pour protéger les espèces menacées car, il y a dix ans, son père a travaillé pour Greenpeace.

Watch out for different tenses.

il y a + period of time means 'ago'.

pour + infinitive means 'to / in order to …'

<u>Be precise</u>. Don't miss out little words such as time phrases or adjectives, and watch out for verb tenses.

Écouter

4 Écoute l'interview et choisis le bon mot ou les bons mots pour compléter chaque phrase. (1–4)

1 Thomas est…
   a carnivore.   **b** végétarien.   **c** végan.

2 Il a choisi ce régime car c'est …
   a sain.   **b** respectueux des animaux.
   c savoureux.

3 La famille de Thomas …
   a ne mange jamais de viande.
   b mange toujours du poisson.
   c mange un peu de tout.

4 Thomas trouve la cantine …
   a très bonne.   **b** assez bonne.   **c** mauvaise.

Before you start, work out what each of the options means in English.

Écouter

5 Listen to these comments on the environment and note the opinion expressed by each speaker. You will not need two of the opinions. (1–4)

a Anti-litter campaigns don't work.
b The government must act on climate change.
c Endangered species must be protected.
d Eating less meat is the best solution.
e Protesting is a waste of time.
f Single-use plastic is the biggest problem.

Écouter

6 Listen to Corinne talking about herself and the environment. Copy the grid and fill in two activities in each column.

In the past, she …	At the moment, she …	She would like to …

TRAPS: The activities are not in the order of the grid. Listen carefully for the verbs so you can work out which **T**ense they are in.

En focus 2: parler et écrire

 Boîte à outils

- **Spot when you are being asked for your opinion.**
  Look out for words and phrases such as *opinion, préféré, à ton avis, qu'est-ce que tu penses de …?, quel est ton avis?, est-ce que tu aimes / préfères …?*
- **Give your opinion whenever you can, not just when it is explicitly asked for.**
  For example, if you are asked to describe your canteen, add in what you think of it.
- **Flag up your opinion with a range of opinion phrases.**
  à mon avis / je pense que / d'un côté … mais d'un autre côté …
- **Always justify your opinion with a couple of reasons, using *parce que* or *car*.**
  … parce que c'est plus utile. … car j'aime les animaux.
- **Ask your teacher or friend for their opinion, too.**
  Et vous, madame? / Et toi? Tu es d'accord?

 Parler 1 En tandem. Regarde la photo et les questions et prépare tes réponses.
Il y aura une question-surprise!

- Qu'est-ce qu'il y a sur la photo?
- Est-ce que tu aimes visiter des zoos? Pourquoi? / Pourquoi pas?
- Quand est-ce que tu as visité un zoo?

In response to the first bullet point, remember to use the **present tense** in French, for example *ils regardent*.

For the other bullet points, use the Toolkit for help with adding in some opinions.

 Parler 2 En tandem. Écoute et réponds aux questions.
Fais attention à la question-surprise! (1–2)

You have not necessarily met the questions in exercises 1 and 3 in this module, but that doesn't matter. You can <u>recycle</u> language you have learned in these new contexts.

J'aime visiter des zoos car j'adore les animaux. / Je n'aime pas visiter des zoos parce qu'il faut respecter les animaux.

 Parler 3 En tandem. Discute de ces questions en anglais.
Puis prépare tes réponses aux questions et répète la conversation avec ton/ta partenaire.

- Est-ce que tu manges sain?
  Start with an opinion, then give some examples of what you eat and drink and how healthy they are.
- Qu'est-ce que tu as mangé hier soir?
  Say not just what you ate and drank but also how healthy or unhealthy it was.
- Qu'est-ce que tu voudrais faire pour réduire l'utilisation du plastique?
  Give two or three activities you would like to do, even if untrue.
- Quelle sorte de travail bénévole est-ce que tu aimerais faire?
  Give two alternatives and add reasons. Add in a question for your partner.

4 Translate the sentences into French.

Which different phrases could you use?

Expressions with *ne …?*

Tense?

une campagne anti-déchets

Word order with the superlative?

Tense?

Tense?

1 My friends are organising an anti-litter campaign at school.
2 The most important problem is plastic.
3 We must recycle plastic bottles and use cotton bags.
4 I no longer eat meat and I never eat fish.
5 I would like to work for Greenpeace because I would like to help nature.
6 My sister went to Africa where she worked with animals.

5 In pairs. Look at the writing task and work out:

1 the overall subject from the heading
2 what exactly you should write about for each bullet point
3 which bullet point refers to **(a)** the past, **(b)** the present, **(c)** what you would like to do, and **(d)** your opinion.

Tu écris un blog sur l'environnement.

Décris:
- ton opinion sur l'importance de l'environnement
- ce que tu fais au collège pour protéger l'environnement
- ce que tu as fait hier à la maison pour réduire le plastique
- ce que tu aimerais faire pour aider les animaux.

Écris **80–90** mots en **français**. Réponds à chaque aspect de la question.

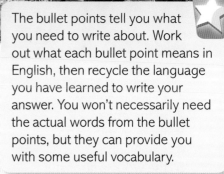

The bullet points tell you what you need to write about. Work out what each bullet point means in English, then recycle the language you have learned to write your answer. You won't necessarily need the actual words from the bullet points, but they can provide you with some useful vocabulary.

6 In pairs. Read the three pupils' responses to the first bullet point. Then put them in order, starting with the one that best showcases the features listed in the box.

- expressing and justifying opinions
- variety of vocabulary
- variety of grammatical structures
- extended, linked sentences

Alex	Anna	Tom
Je trouve l'environnement vraiment important. Le problème le plus urgent, c'est le plastique car il faut protéger les animaux menacés et réduire l'utilisation des bouteilles.	À mon avis, l'environnement est très important. Le plastique est un grand problème et les animaux menacés aussi. Je pense qu'on utilise trop de bouteilles.	L'environnement est très important. Le plastique est un grand problème. La protection des animaux est un grand problème aussi. Les bouteilles sont un grand problème.

7 Write your own response for the task in exercise 5, using exercise 6 for help. Use the Toolkit to make sure you give plenty of opinions.

En plus

1 Lis l'article et trouve les expressions en français.

Tu voudrais travailler pour une association caritative?

Association caritative: l'Arche

But: vivre ensemble avec des personnes handicapées

Histoire: fondée en France en 1964

Volontaire: À l'âge de 22 ans, Francine a quitté l'université et elle a trouvé un travail bénévole à l'Arche. Elle aide dans une grande maison avec sept adultes qui ont un handicap mental, et trois autres volontaires. Ils préparent les repas ensemble et mangent tous ensemble comme une famille.

Association caritative: Médecins Sans Frontières (MSF)

But: offrir une aide médicale humanitaire internationale

Histoire: fondée en 1971 par un groupe de médecins et de journalistes français

Volontaire: Xavier travaillait comme infirmier dans le plus grand hôpital de France. Il y a trois mois, il a trouvé un nouveau poste: il travaille pour MSF en Haïti. Le travail est stressant et difficile mais Xavier ne regrette pas du tout son choix. Un jour, il aimerait travailler avec des enfants réfugiés au Liban.

Association caritative: les Restaurants du Cœur

But: distribuer des repas gratuits à des personnes en difficulté

Histoire: fondée par Coluche (un acteur français célèbre) en 1985

Volontaire: Sébastien est volontaire dans un centre de distribution. Chaque personne peut recevoir de la nourriture pour préparer un repas équilibré pour sa famille. Sébastien est ingénieur et il fait du travail bénévole parce qu'il aime travailler en équipe.

1 to live together
2 at the age of 22
3 three months ago
4 a new job
5 the work is stressful
6 people in difficulty
7 to prepare a balanced meal
8 to work in a team

> **G**
>
> Both the perfect and the imperfect tenses are used to talk about the past. The perfect tense is for things that happened <u>once</u> and the imperfect tense for things that <u>used to happen</u> over a period of time.
>
> *Francine **a quitté** l'université.*   Francine **left** university.
> *Xavier **travaillait** dans un hôpital.*   Xavier **used to work** in a hospital.
>
> The conditional tense with the verbs *aimer* and *vouloir* is used to say what people <u>would like</u> to do.
>
> *Il **aimerait** travailler avec les enfants.*   He **would like** to work with children.

2 Relis l'article et complète le tableau en anglais.

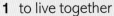

charity	aim	volunteer's story (3–4 details)
L'Arche	to live together with disabled people	left uni at 22, …

3 Écoute ces jeunes. Copie et complète le tableau en anglais. (1–3)

	charity	reasons	experience
1			

> **T**RAPS: Listen carefully to the verbs so you recognise if the people are talking about the past, present or what they would like to do. Your notes need to reflect this, so be precise: for example, he **worked** in a shop / he **is working** in a shop.

Parler 4

En tandem. Tu veux travailler pour une de ces associations caritatives. Utilise ces questions pour préparer et enregistrer une interview. Imagine les détails et ajoute d'autres questions aussi, si tu veux.

- *Qu'est-ce que tu aimerais faire?*
- *Je voudrais travailler pour …*
- *Pourquoi?*
- *Parce que j'aime travailler en équipe et que je voudrais aider des personnes en difficulté.*
- *Qu'est-ce que tu as comme expérience?*
- *Je suis médecin. Il y a six mois, j'ai fait du travail bénévole …*

Lire 5

Trouve la bonne photo pour chaque paragraphe.

Qu'est-ce qu'on peut faire avec des bouteilles en plastique? Six idées fantastiques …

1 Pendant une visite à Londres, j'ai vu cette statue dans la rue. J'aimerais faire une statue du directeur pour mon collège.

2 Ma grand-mère aime travailler dans le jardin mais il fait trop froid pour ses plantes. Voici sa nouvelle serre!

3 Mes copines et moi, nous avons créé un radeau. Nous avons fait une course sur la rivière en ville … mais nous n'avons pas gagné.

4 À Noël, j'aimerais visiter Paris pour voir cet arbre de Noël en bouteilles vertes.

5 Mon frère est instituteur. Dans sa salle de classe, il utilise des bouteilles pour ranger les crayons.

6 Il faut protéger la nature et j'aime bien nourrir les oiseaux dans mon jardin.

Écouter 6

Écoute et identifie la bonne photo de l'exercice 5 et l'opinion: P, N ou P+N. (1–6)

Écrire 7

En tandem. Tu participes à une compétition pour créer un objet avec des bouteilles en plastique recyclées. Crée ou dessine ton objet. Puis écris une description de ton objet pour la compétition. Si nécessaire, utilise le dictionnaire.

J'ai dessiné	un	bateau / jouet / bol / …	
J'ai créé	une	maison / poupée / …	
	des	pots de fleurs / gobelets / …	
C'est pour	la cuisine / les enfants / les oiseaux / …		
Je pense que	c'est	très	beau.
Je trouve que		vraiment	utile.
À mon avis,		assez	original.
		extrêmement	bizarre.

Grammaire

Negatives (Unit 1, page 82)

1 Write out each sentence in French. Then translate the sentences into English.

1 Jeneboispasdelait.
2 Ellenevajamaisaucentresportif.
3 Nousn'aimonsplusnotreprofesseur.
4 Jen'airienmangé.
5 Ilnefumepasetiln'ajamaisfumé.

2 Use the correct form of _recycler_ and a negative structure to write these sentences in French.

1 We never recycle.
2 She doesn't recycle anything.
3 I don't recycle.
4 They don't recycle any more.
5 I didn't recycle anything.

Negative expressions form a sandwich around the verb.

Not: _Je **ne** fume **pas**._   I do not (don't) smoke.

Never: _Je **ne** mange **jamais** de viande._   I never eat meat.

No longer: _Nous **ne** buvons **plus** de lait._   We no longer drink milk (don't drink milk any more).

Nothing: _Elle **ne** refuse **rien**._   She refuses nothing (doesn't refuse anything).

💡 After _pas_, _jamais_ and _plus_, _un/une_ and _du/de la/des_ change to _de_:

Je ne mange **plus de** bonbons.   I no longer eat sweets.

💡 _ne_ shortens to _n'_ in front of a vowel:

On **n'**utilise jamais de plastique.   We never use plastic.

In the **perfect tense**, the negative goes around the part of _avoir_ or _être_:

Je **n'**ai **rien** vu.   I saw nothing. (I didn't see anything.)

Elle **n'**est **jamais** allée au zoo.   She never went to the zoo.

The superlative (Unit 2, page 84)

3 Complete each sentence about France with a superlative, using the noun and adjective in brackets. Remember to check if the adjective comes before or after the noun, and to make it agree with the noun's gender.

Exemple: **1** La tour Eiffel est le monument le plus populaire.

1 La tour Eiffel est …
   (_le monument, populaire_)
2 Le lac du Bourget est … (_le lac, grand_)
3 Angers est … (_la ville, vert_)
4 Cassel est … (_le village, joli_)
5 Le mont Blanc est … (_la montagne, haut_)
6 La plage du Sillon est … (_la plage, beau_)

The superlative is used to say 'the **most important**', 'the **biggest**', etc. In English, we use 'the most …' or add '–est' to the adjective. In French:

	adjective <u>before</u> noun	adjective <u>after</u> noun
masculine nouns	_le **plus grand** village_ the biggest village	_le village le **plus important**_ the most important village
feminine nouns	_la **plus grande** ville_ the biggest town	_la ville la **plus importante**_ the most important town

Possessive adjectives (Unit 3, page 87)

4 Choose the correct possessive adjective to complete each sentence.

1 **Notre / Nos** école est très grande.

2 Elle est avec **son / sa / ses** frère et **son / sa / ses** sœur.

3 Ils aiment **leur / leurs** nouveau prof.

4 Est-ce que tu as trouvé **ton / ta / tes** devoirs?

5 Je préfère **mon / ma / mes** idées.

6 Préparez **votre / vos** stylos et écoutez **votre / vos** professeur.

Possessive adjectives are used to say who something belongs to. They agree with the noun they come <u>before</u>.

	masculine nouns	feminine nouns	plural nouns
my	*mon* père	*ma* mère	*mes* parents
your (*tu*)	*ton* père	*ta* mère	*tes* parents
his/her	*son* père	*sa* mère	*ses* parents
our	*notre* père/mère		*nos* parents
your (*vous*)	*votre* père/mère		*vos* parents
their	*leur* père/mère		*leurs* parents

 When a feminine singular noun starts with a vowel, use *mon/ton/son*:

*J'aime **ton** idée.* I like **your** idea.

 son/sa/ses can be translated as 'his' or 'her':

***Il** aime **son** village.* **He** loves **his** village.

***Elle** aime **son** village.* **She** loves **her** village.

The conditional tense (Unit 4, page 88)

5 Copy out each sentence, writing the missing words in French. Then translate the sentences into English.

1 (*I would like*) travailler à l'étranger.

2 Je voudrais (*to help*) les autres.

3 (*I would like*) être plus écolo.

4 J'aimerais (*to have*) un chat ou un chien.

5 (*I would like*) (*to visit*) le Canada.

6 Write in English what each person <u>would do</u> if they won the lottery.

> **Mon beau-père** achèterait une Rolls-Royce, **ma mère** irait en vacances à Tahiti, **mon frère** ferait le tour de monde, **ma sœur** ne travaillerait plus au supermarché. Et **moi**? Je donnerais beaucoup d'argent pour aider les réfugiés. **Charlie**

The conditional tense is translated using the word 'would'.

j'aimerais and *je voudrais* are two very useful conditional tense verbs. They both mean 'I would like' and are followed by the infinitive.

*J'**aimerais** changer le monde.* I **would like** to change the world.

You can form the **conditional tense** of other verbs by using the **future stem** (usually this is the infinitive) and the **imperfect tense endings:**

je jouerais	I would play
tu jouerais	you would play
il/elle/on jouerait	he/she/we would play
nous jouerions	we would play
vous joueriez	you would play
ils/elles joueraient	they would play

Vocabulaire

Point de départ (pages 80–81)

Qu'est-ce qu'on mange?	*What do you eat?*	C'est …	*It is …*
Les élèves mangent …	*The pupils eat …*	équilibré.	*balanced.*
du pain	*bread*	sain.	*healthy.*
du poulet	*chicken*	savoureux.	*tasty.*
du riz	*rice*	simple.	*simple.*
du yaourt	*yoghurt*	varié.	*varied.*
de la salade	*salad*	Sur la photo, il y a trois	*In the photo, there are three*
de la viande	*meat*	enfants et un(e) adulte.	*children and an adult.*
des haricots	*beans*	Ils sont à la plage.	*They're at the beach.*
des légumes	*vegetables*	Ils ramassent des déchets.	*They're collecting rubbish.*
des pommes de terre	*potatoes*	ils portent …	*they are wearing …*
un fruit	*a piece of fruit*	ils cherchent …	*they are looking for …*
un petit gâteau	*a biscuit*		
Ils/Elles boivent …	*They drink …*		
du lait / de l'eau.	*milk / water.*		

Unité 1 (pages 82–83) *Est-ce que tu manges de la viande?*

Est-ce que tu manges de la viande?	*Do you eat meat?*	L'empreinte carbone de la viande est très grande.	*The carbon footprint of meat is very big.*
Je mange …	*I eat …*	Il faut protéger l'environnement.	*We must protect the environment.*
de la viande.	*meat.*	Le régime végétarien est plus sain que le régime ordinaire.	*A vegetarian diet is healthier than an ordinary diet.*
du poisson.	*fish.*		
des céréales.	*cereals / grains.*		
des fruits de mer.	*seafood.*	On doit respecter les animaux.	*We must respect animals.*
des produits laitiers.	*milk products.*	Il est difficile de faire des repas variés quand on ne mange pas de viande.	*It's difficult to make varied meals when you don't eat meat.*
des produits d'origine animale.	*animal products.*		
Je ne porte jamais …	*I never wear …*		
de vêtements en cuir.	*leather clothes.*	La viande, c'est très savoureux.	*Meat is very tasty.*
Je ne refuse rien!	*I refuse nothing!*		
Je suis pour le végétarisme.	*I am in favour of vegetarianism.*	La viande apporte beaucoup de vitamines importantes.	*Meat provides lots of important vitamins.*
Je suis contre le véganisme.	*I am against veganism.*		

Unité 2 (pages 84–85) *Action pour la nature!*

Qu'est-ce qu'il faut faire pour protéger les animaux?	*What must we do to protect animals?*	consommer moins d'énergie.	*consume less energy.*
		aller … à pied ou à vélo.	*go … by foot or by bike.*
Il faut …	*We must…*	Il ne faut jamais …	*We must never…*
ramasser les déchets.	*pick up litter.*	acheter des souvenirs d'origine animale.	*buy souvenirs made from animal products.*
recycler.	*recycle.*	consommer des espèces de poisson menacées.	*eat endangered fish species.*
manger moins de viande.	*eat less meat.*		
utiliser moins de plastique.	*use less plastic.*	laisser des sacs en plastique sur la plage.	*leave plastic bags on the beach.*

Unité 3 (pages 86–87) Mission anti-plastique!

Il/Elle est né(e) … dans une usine.	He/She was born … in a factory.	recycler le plastique	to recycle plastic
Il/Elle a voyagé … en camion.	He/She travelled … by lorry.	refuser les sacs en plastique	to refuse plastic bags
Il/Elle est rentré(e) à la maison.	He/She went home.	organiser des campagnes anti-plastique	to organise anti-plastic campaigns
Il/Elle est allé(e) … au collège	He/She went … to school.	acheter des produits recyclés	to buy recycled products
Il/Elle est entré(e) … dans le bac de recyclage.	He/She entered … the recyling bin.	utiliser une bouteille réutilisable / un sac réutilisable	to use a reusable bottle / reusable bag
Il/Elle a retrouvé … ses ancien(ne)s ami(e)s.	He/She met up with … his/her old friends.	La semaine dernière, j'ai organisé …	Last week, I organised …
Il/Elle est devenu(e) … un ballon de foot.	He/She became … a football.	Quand j'étais plus jeune, j'utilisais …	When I was younger, I used to use …
Qu'est-ce que tu fais pour réduire le plastique?	What do you do to reduce plastic?	À l'école primaire, je ne faisais rien.	At primary school, I didn't do anything / did nothing.

Unité 4 (pages 88–89) J'aimerais changer le monde …

Qu'est-ce que tu voudrais faire pour changer le monde?	What would you like to do to change the world?	consommer plus de produits bio.	to consume more organic products.
Je voudrais / J'aimerais…	I would like …	refuser le plastique à usage unique.	to refuse single-use plastic.
acheter moins de vêtements.	to buy fewer clothes.	faire du travail bénévole.	to do voluntary work.
manger moins de viande.	to eat less meat.	devenir membre d'un groupe écologique.	to become a member of a green group.

Les mots essentiels High-frequency words

Est-ce que tu es pour ou contre …?	Are you for or against …?
Je suis pour / contre …	I am for / against …
À mon avis, …	In my opinion, …
Pour moi, …	For me, …
Je trouve que …	I find/think that …
Je pense que …	I think that …
Tu es d'accord?	Do you agree?
Je suis d'accord.	I agree.
Je ne suis pas d'accord.	I disagree.
Tu as raison!	You're right!
Tu as tort!	You're wrong!
Tu rigoles!	You must be joking!
par contre, …	on the other hand, …
cependant, …	however, …
d'un côté, … mais d'un autre côté, …	on one hand, … but on the other hand, …

Stratégie

When you are learning new vocabulary, grouping words together in word families can help you remember them. E.g.:

utiliser (to use)
réutiliser (to reuse)
réutilisable (reusable)

le plastique (plastic)
en plastique (**made of** plastic)
*une campagne **anti-plastique*** (an **anti-plastic** campaign)
*le plastique **à usage unique*** (**single-use** plastic)

Module 5

Le monde francophone

Quel pays voudrais-tu visiter?

- Using a range of articles
- Discussing where you would like to go

Grammaire

1 Écoute et lis les textes. C'est quelle photo? Traduis les phrases en gras en anglais.

> **Quel pays francophone voudrais-tu visiter?**

1 Je voudrais visiter le Sénégal parce que **j'adore le surf**. C'est mon sport préféré, et on peut faire du surf sur l'île de N'Gor. En plus, à Dakar, la capitale, il y a un musée d'art africain. **Alex**

2 J'adore manger et **j'aime beaucoup les moules-frites**, alors **je voudrais visiter la Belgique**. Je veux aussi visiter l'Atomium. C'est un monument extraordinaire situé à Bruxelles! **Alice**

3 Moi, **je voudrais visiter les Comores** pour faire de la plongée avec masque et tuba. **J'adore les poissons exotiques**. Aux Comores, **il y a aussi des champs de vanille** où on peut faire des promenades. **Luca**

a

b

c

2 Relis les textes et réponds aux questions en français. Fais attention à *TRAPS: Alternative words*.

1 Qui veut faire un sport aquatique?
2 Qui veut manger des fruits de mer?
3 Qui veut voir des animaux sous-marins?
4 Qui veut voir des peintures et des sculptures?
5 Qui veut faire une balade à la campagne?

	masculine singular	feminine singular	plural (m. and f.)
indefinite article ('a')	*un*	*une*	*des* (some)
definite article ('the')	*le* *l'*	*la* *l'*	*les*

Most of the time, words for 'a', 'the' and 'some' are used in the same ways in French and English, but not always:

des is required in French, even where you wouldn't say 'some' in English:

*Il y a **des** champs de vanille.*   There are vanilla fields.

You <u>must</u> use ***le***, ***la***, ***l'***, ***les*** in French (even though 'the' is not needed in English):

with countries: *Je voudrais visiter **le** Laos.*   I would like to visit Laos.
with opinions: *J'adore **la** culture.*   I love culture.

3 Écoute les touristes. Copie et complète les phrases en français.

1 Je voudrais visiter _____ parce que j'adore _____.
2 Je veux visiter _____ pour voir _____.
3 Ma mère aime aller à _____ alors elle veut visiter _____.
4 Moi, je veux visiter _____ parce que j'adore _____.
5 Je voudrais visiter _____ car j'aime beaucoup faire _____.

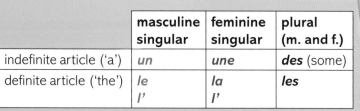
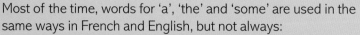

4 En groupe. Discute des pays. Fais attention aux articles!

- *Je voudrais visiter les Comores parce que j'adore les poissons exotiques.*
- *Moi, je voudrais visiter le Sénégal. J'adore le surf!*

5 Écoute. Copie et complète le tableau avec les mots des cases. (1–5)

	Destination	On va aller …	On va manger …
1			

On va visiter …	On va aller …	On va manger …
la Suisse	aux grottes	du poulet
la Guinée	à la montagne	des glaces
le Vietnam	au parc national	du poisson
le Canada	à la mer	des frites
les Seychelles	aux temples	du couscous

> **c'est servi avec …**   *it's served with …*

6 Écris des phrases avec les articles qui manquent.

Exemple: **1** Dans le bougna, il y a **1** du poulet, …

 1

1 poulet (m)
2 porc (m)
3 patates douces
4 bananes
5 lait de coco (m)

Le bougna, une spécialité de la Nouvelle-Calédonie

2

6 couscous (m)
7 poisson (m)
8 tomates
9 oignons
10 sauce épicée (f)

L'attiéké, une spécialité de la Côte d'Ivoire

7 Écoute et vérifie. (1–2)

8 Traduis en français.

> Do you need an article before the noun here?

> Look this up in your glossary or dictionary.

I would like to visit Senegal to see birds in the national park. I love nature. My sister wants to go to the beach because she likes surfing. In Senegal I would like to eat the speciality, tiéboudienne. It's fish and it's served with rice and vegetables. It's delicious.

> Use *au*.

> Don't forget to include the word for 'some'.

> Remember to use the definite article after an opinion.

G

Saying 'to':

à + *le parc* ➡ *Je vais au parc.*

à + *la plage* ➡ *Je vais à la plage.*

à + *les Seychelles* ➡ *Je vais aux Seychelles.*

Saying 'some':

de + *le poulet* ➡ *du poulet*

de + *la mayonnaise* ➡ *de la mayonnaise*

de + *les frites* ➡ *des frites*

Even if you don't need to say 'some' in English, you still need to use *du / de la / des* in French:

Il y a du bœuf dans la soupe.
There is beef in the soup.

On va voir des choses extraordinaires!

- Using a range of adjectives
- Discussing impressive sites and monuments

2 le Mont-Saint-Michel

Écouter 1 Écoute. Trouve les trois bons adjectifs pour chaque site. (1–3)

Exemple: **1** la tour Eiffel – extraordinaire, … et …

1 la tour Eiffel

la Normandie

Paris

le Poitou

la Provence

les Pyrénées

3 le pont du Gard

| intéressant impressionnant différent extraordinaire magnifique unique |
| important célèbre ennuyeux nul mystérieux magique moderne romantique |

Have a go at pronouncing these pairs of adjectives in the masculine and feminine form:

important – importante

impressionnant – impressionnante

intéressant – intéressante

G All nouns in French are masculine or feminine. Most adjectives go after the noun they describe. Make the adjective agree with the noun.

adjective ending	masculine	feminine	m. plural	f. plural
consonant	*important*	*importante*	*importants*	*importantes*
–l	*nul*	*nulle*	*nuls*	*nulles*
–eux	*ennuyeux*	*ennuyeuse*	*ennuyeux*	*ennuyeuses*
–e	*magnifique*	*magnifique*	*magnifiques*	*magnifiques*

Écrire 2 Choisis un site (ci-dessous ou de l'exercice 1) et écris la description.

La tour Eiffel, c'est une tour magnifique, importante et romantique à Paris.

les arènes d'Arles en Provence

C'est	un pont	unique / romantique / célèbre.
	une montagne	intéressant(e) / important(e).
	une tour	ennuyeux/ennuyeuse.
	une île	
	une église	
Ce sont	des arènes	magiques / romantiques.
		impressionnantes / importantes.

le Mont Perdu dans les Pyrénées

3 Écoute et lis les textes sur l'UNESCO. Copie et complète les phrases en anglais. Il y a combien d'adjectifs dans les textes?

Je m'appelle Chloé et j'habite en France. En France il y a beaucoup de sites qui sont sur la liste du patrimoine mondial de l'UNESCO. Mes sites préférés sont le beau château de Versailles et la vieille ville fortifiée de Carcassonne. L'UNESCO, c'est une bonne organisation parce qu'elle préserve 1 073 Sites du Patrimoine Mondial dans 167 pays.

> **le patrimoine mondial** world heritage

UNESCO is the United Nations organisation for education, science and culture. Based in Paris, it works to protect, preserve and repair world heritage sites. Is there a UNESCO site near you?

Je m'appelle Sami et je viens de la Tunisie. Sur la liste UNESCO en Tunisie il y a le grand amphithéâtre d'El Jem et la mosquée énorme de Kairouan. Je pense que la liste de l'UNESCO, ce n'est pas une mauvaise idée, car tous les sites ont une valeur exceptionnelle. Pour inscrire un nouveau site sur la liste, le site doit être complètement unique.

1 Chloé's favourite world heritage sites in France are the ▭ Palace of Versailles and the ▭ fortified town of Carcassonne.

2 UNESCO preserves ▭ world heritage sites in ▭ countries.

3 In Tunisia, the ▭ amphitheatre of El Jem and the ▭ mosque at Kairouan are on the UNESCO list of word heritage sites.

4 All the sites on UNESCO's list have ▭ value.

5 For a ▭ site to go on the list, it must be ▭.

Some adjectives in French go <u>before</u> the noun. How many of these can you find in the texts in exercise 3?

masculine	feminine	m. plural	f. plural
grand	grand**e**	grand**s**	grand**es**
petit	petit**e**	petit**s**	petit**es**
mauvais	mauvais**e**	mauvais	mauvais**es**
bon	bon**ne**	bon**s**	bon**nes**
beau (bel*)	be**lle**	beaux	be**lles**
nouveau (nouvel*)	nouve**lle**	nouveaux	nouve**lles**
vieux (vieil*)	vie**ille**	vieux	vie**illes**

*Use these forms before a masculine noun that starts with a vowel.

4 Écoute et note les lettres des <u>deux</u> destinations comparées. Puis note les détails. (1–3)

Exemple: d, b (more impressive, more modern)

a le Mont-Saint-Michel	b le pont du Gard
d la tour Eiffel	e le Mont Perdu

c les arènes d'Arles

Listen carefully: do you hear **plus que** or **moins que ...**?

5 En tandem. Écris des notes pour comparer les sites et les monuments des exercices 1 et 3, puis discute avec un(e) partenaire.

- *Je voudrais visiter le pont du Gard parce que c'est plus impressionnant que la tour Eiffel.*
- *Je ne suis pas d'accord! Je ne veux pas visiter le pont du Gard parce que c'est plus ennuyeux que la tour Eiffel. Je préfère ...*

When comparing two things, we use the comparative.

*Le mont Elbrouz est **plus** haut **que** le Mont Perdu.* (Mount Elbrus is **higher than** Mont Perdu.)

*La tour Eiffel est **moins** haute **que** la tour Sears.* (The Eiffel Tower is **shorter** (**less tall**) **than** the Sears Tower.)

Make sure your adjective agrees with the first noun in the sentence.

- Using infinitives in combination with other verbs
- Saying what you like and dislike doing

1 Écoute et note les bonnes lettres pour chaque personne. Écoute encore une fois: P, N ou P+N? (1–5)

TRAPS: Reflect, don't **R**ush. Listen right to the end and listen carefully to the verbs used to spot the range of opinions expressed. This will help you to answer exercise 1 correctly.

Tes vacances idéales
... Tu aimes ...?

	aller	au restaurant / au parc aquatique / à la plage / à l'aquarium.
	apprendre	à cuisiner des plats différents / à parler une nouvelle langue.
J'adore J'aime Je n'aime pas Je déteste	faire	du surf / de la plongée avec masque et tuba / du parachutisme / une visite guidée / des randonnées.
	manger	des plats différents.
	me bronzer	sur la plage.
	visiter	un musée / des monuments historiques / le parc national.
	voir	des animaux sauvages / des poissons exotiques.

2 En tandem. Discute avec ton/ta partenaire. Tu aimes ...?

- *Tu aimes voir des animaux sauvages?*
- *Oui! J'adore voir des animaux sauvages et j'aime aussi manger des plats différents. Et toi, tu aimes manger des plats différents?*
- *Non! Je n'aime pas manger des plats différents, mais j'adore me bronzer sur la plage. Tu aimes ...?*

When discussing what you like and dislike, be sure to:
- answer the question your partner asks
- extend what you say by mentioning something else you like or dislike doing
- ask a question in return

Infinitives are used after opinion verbs:

*J'adore **faire** du surf.*

*Je n'aime pas **voir** des animaux sauvages.*

You usually translate the infinitive into English using '–ing'.

G

3 À l'office de tourisme. Lis les phrases (1–8) et note:

a who is speaking (customer or receptionist)
b the infinitive in each phrase
c the reason why the infinitive is used (e.g. follows *il faut*).

1 Je veux visiter le volcan.
2 Vous voulez faire une excursion?
3 Nous devons rentrer à l'hôtel à 6 heures.
4 Vous voulez partir à 8h ou à 10h?
5 Il faut prendre le passeport?

6 Je peux vous aider?
7 Nous devons partir à quelle heure pour l'excursion?
8 Vous pouvez faire ça le vendredi.

À l'office de tourisme

As well as being used after opinion verbs, **infinitives** are used after modal verbs such as ***pouvoir*** (can, to be able to), ***vouloir*** (to want to), ***devoir*** (must, to have to).

Je **peux aller** au cinéma.
Je **veux jouer** au foot.
Je **dois prendre** mon passeport.

For the full conjugations of these verbs, see page 126.

Infinitives are also used after ***il faut*** (it is necessary to):
Il faut arriver à 8 heures.

4 **Écoute et lis. Réponds aux questions.**

1 Where does the customer decide to go?
2 Note down <u>three</u> extra details about his trip.

5 **Écoute. Copie et complète le tableau avec les activités proposées et les activités choisies. (1–4)**

	activités proposées	activités choisies
1		

6 **En tandem. Fais des dialogues. Une personne joue le rôle du/de la réceptionniste et l'autre personne joue le rôle du client/de la cliente. Utilise les informations ci-dessous.**

Réceptionniste:	Bonjour, monsieur. Bienvenue à l'office de tourisme. Je peux vous aider?
Client:	Bonjour. Je veux faire une excursion demain, s'il vous plaît. Qu'est-ce qu'on peut visiter ici?
Réceptionniste:	On peut visiter le parc national.
Client:	Bon. Et quelles activités est-ce qu'on peut faire?
Réceptionniste:	Au parc national on peut faire une visite guidée et voir des animaux sauvages dans la nature.
Client:	Moi, j'adore voir des animaux sauvages dans la nature, alors je voudrais visiter le parc national, s'il vous plaît.
Réceptionniste:	Bon. Alors, ça fait 35 euros. À quelle heure est-ce que vous voulez partir? On peut partir à 9 heures du matin ou à midi.
Client:	Je veux partir à 9 heures.
Réceptionniste:	Bon. Vous devez arriver ici à 8h45, et il faut prendre votre passeport.
Client:	D'accord. Merci beaucoup, madame, et au revoir.

 Le volcan de Lemptégy

• aller en train au cœur du volcan
• faire une visite guidée à pied

Tarifs: Visite en train   15€40
             Visite guidée à pied   11€20

Horaire des excursions: 8h30, 11h30, 14h30

Il faut porter des chaussures confortables et un pull.

 Le Château du Val

• découvrir l'histoire du château
• faire un pique-nique au bord du lac

Adultes: 20€00   Enfants: 12€00

Horaire des excursions: 8h00, 11h00

Vous avez la possibilité de porter un costume médiéval!

7 **Traduis en français.**

On the island of Madagascar you can visit the national park. I want to see wild animals! I like walking and I love surfing, but I don't like sunbathing on the beach because it is boring. I have to go to the water park with my little brother because he loves swimming. It is necessary to take a towel!

la serviette towel

Visite à un pays francophone!

- Preparing a fact file and an advert on a francophone country
- Using a range of structures and verbs

Lis les dossiers (a–d) sur les pays. Réponds aux questions en français pour chaque dossier.

a

Pays	la principauté de Monaco
Continent	Europe
Paysage	côte méditerranéenne, plages
Endroits à visiter	le musée océanographique, le circuit de formule 1

Monaco

le Québec

le Maroc

b

Pays	le Gabon
Continent	Afrique
Paysage	forêt tropicale, plages, rivières énormes
Endroits à visiter	le parc national

le Gabon

Madagascar

l'île Maurice

c

Pays	les îles de Wallis-et-Futuna
Continent	Océanie
Paysage	volcans, montagnes, plages, récifs de corail
Endroits à visiter	l'église de Laeva

Wallis-et-Futuna

d

Pays	le Laos
Continent	Asie
Paysage	forêts, montagnes, rivières
Endroits à visiter	les cascades, les plantations de café

le Laos

1 Le pays se trouve sur quel continent? *C'est en …*
2 Il est comment, le paysage dans ce pays? *Il y a un / une / des …*
3 Qu'est-ce qu'on peut visiter ici? *On peut visiter …*

Écoute. Quel pays est-ce qu'on préfère? Pourquoi?
Note en anglais. (1–4)

Exemple: **1** Gabon – most romantic …

G

Use the superlative to say 'the most' or 'the least'. Your adjective needs to agree with the noun it describes:

*Je pense que c'est **la** destination **la** plus intéressante parce que …*

It's the most interesting destination because …

*C'est **le** pays **le** moins intéressant parce que …*

It's the least interesting country because …

Pour moi, (le Laos), c'est …		
la destination	la plus	intéressante / passionnante.
		romantique / sauvage / mystérieuse.
le pays	le plus	intéressant / passionnant.
		romantique / sauvage / mystérieux.
J'adore	la formule 1 / les sports aquatiques / les sites historiques / les volcans / …	
Je veux	visiter	les musées / les églises /les récifs de corail / le parc national / la forêt tropicale / …
	faire	des randonnées / de la plongée / des safaris / …
	aller	à la plage / aux cascades / …
	voir	des animaux sauvages / une course de F1 / des poissons exotiques / …

Monaco, le Gabon, le Laos ou Wallis-et-Futuna? Quel pays est-ce que tu veux visiter?
Fais un dialogue.

- *Quel pays est-ce que tu veux visiter?*
- *Je veux visiter le Laos parce que pour moi, c'est la destination la plus passionnante.*
- *Pourquoi?*
- *Parce que j'adore …*

Écrire

4 Fais des recherches pour compléter un dossier pour une autre destination sur la carte.

 Écouter

5 Écoute les informations et complète les phrases en français.

1 Dans la principauté de Monaco on peut _____ la formule 1. On peut _____ des papillons et des poissons.

2 Aux îles de Wallis-et-Futuna on peut _____ de la voile et du canoë-kayak. On peut _____ des bambous et des oiseaux marins.

3 Au Gabon on peut _____ la danse traditionnelle et _____ au foot. Dans le parc national on peut _____ des chimpanzés, des gorilles, des _____ et des _____.

4 Au Laos on peut _____ en bateau sur la rivière et on peut _____ un vélo pour _____ le pays. On peut _____ le Bouddha Park. C'est un parc exceptionnel.

 Écrire

6 Qu'est-ce qu'on peut faire à la destination que tu as recherchée pour l'exercice 4? Fais encore des recherches et écris des phrases en français.

 Écouter

7 Écoute et lis la publicité. Réponds aux questions en anglais.

Des vacances d'hiver au Québec?
C'est pour les amoureux de l'aventure!

Vous adorez la neige et la nature? Vous voulez faire des sports d'hiver?

Il faut visiter le Québec! Ici, on peut …
* faire une randonnée dans la forêt!
* faire du ski, du snowboard, de la luge – tout est possible!
* promener des chiens de traîneau!
* rencontrer des loups, des cerfs et des rennes en toute nature!
* explorer un paysage magique, plein de mystère et couvert de neige.

C'est plus passionnant que toute autre destination! Pour l'expérience la plus incroyable de votre vie … n'hésitez pas. Venez au Québec!

1 Which sports can you do in Quebec in the winter?
2 Which animals can you see?
3 How is the landscape of Quebec described?
4 Translate the final paragraph into English.

 Écrire

8 Écris ta propre publicité sur une destination que tu as recherchée.

What's the best way to research French-speaking countries? How can you find the information you need? Use the tips below and add your own suggestions.

* Find a map of *la Francophonie* to locate your country and check the spelling. What can you find out just from looking at the map?
* Use the International Organisation of La Francophonie's website to find information: francophonie.org.
* Look for the tourist office website of the country as this is often the best source of factual information. Search using *office de tourisme* and the name of the country.
* Use websites such as TripAdvisor in English or in French.
* Search for specific information using the headings from the fact files, combined with the name of the country. For example: *endroits à visiter*.

When you look up new infinitives in the dictionary, make sure that you have found a word that is followed by 'v', as this indicates 'verb'. E.g.: *découvrir* **(v)** to discover

Sur l'île Maurice on peut …

Use the advert about Quebec as a source of language for your own advert. Which phrases could you reuse or adapt?

* Choose the right medium for your advert: will it be a poster, a radio advert or a TV advert?
* Think about how you will create it: word-processed document, voice recorder, film-making app or camera?
* Check you've used language correctly: articles, partitives (*du, de la, des*), adjectives, comparatives and superlatives, and verbs with infinitives.
* If speaking, rehearse and check pronunciation before you create your final version.

Écouter 1 **Écoute les descriptions des photos. C'est quelle photo? (1–12)**

Exemple: 1 c, …

Les jeunes créatifs et sportifs du monde francophone

Cédric, cuisinier

Asmita, artiste

Louis, auteur

Minata, chanteuse

Parler 2 **Choisis une photo de l'exercice 1 et décris l'image. Utilise les verbes au présent.**

• *Qu'est-ce qu'il y a sur la photo?*
▪ *Sur la photo, il y a une femme / un homme. Il/Elle …*

> Make sure you use these infinitives in the *il/elle* form!

Sur la photo, il y a un homme / une femme qui …

(être)	artiste / chanteur(–euse) / auteur / musicien(ne) / cuisinier/cuisinière
(avoir)	les cheveux marron / noirs / longs / courts / raides / bouclés / l'air content(e) / l'air sérieux(–euse)
(faire)	de la soupe
(porter)	un tee-shirt / une chemise / une veste
(chanter)	une chanson
(jouer)	de la guitare
(finir)	une peinture
(s'entendre)	bien avec son groupe

French regular verbs fall into three groups: –*er*, –*ir* and –*re*. The largest group is –*er* verbs. Each group of verbs has a different set of endings.

	chanter	*finir*	*attendre*
je/j'	chant**e**	fin**is**	attend**s**
tu	chant**es**	fin**is**	attend**s**
il/elle/on	chant**e**	fin**it**	attend
nous	chant**ons**	fin**issons**	attend**ons**
vous	chant**ez**	fin**issez**	attend**ez**
ils/elles	chant**ent**	fin**issent**	attend**ent**

There are also a number of irregular verbs which have different endings that you need to learn by heart, such as *avoir*, *être* and *faire*. See pages 129–130 for more of these.

You might also see reflexive verbs in the present tense. These take a reflexive pronoun:

s'amuser to have fun *je m'amuse, elle s'amuse*
s'entendre to get on (with) *je m'entends, elle s'entend*

Remember, the present tense in French has two meanings in English:

• to describe what someone <u>does</u> in general: *Je chante tous les jours.* I sing every day.
• to describe what someone <u>is doing</u> (e.g. at the moment): *En ce moment, je chante.* At the moment I am singing.

3 **Lis l'interview avec Nanette Ebanega. Remplis les blancs du texte avec les verbes corrects au présent.**

Journaliste:	Nous **1** (*parler*) aujourd'hui avec Nanette Ebanega.
Nanette:	Bonjour! Merci pour votre invitation.
Journaliste:	Vous **2** (*avoir*) beaucoup de succès en ce moment! Vous **3** (*habiter*) en France, mais quelle est votre nationalité?
Nanette:	Je **4** (*être*) gabonaise, mais en ce moment j' **5** (*étudier*) la communication à Paris.
Journaliste:	Qu'est-ce que vous **6** (*faire*) comme travail?
Nanette:	J' **7** (*écrire*) un blog et je **8** (*présenter*) des émissions à la radio. En ce moment je **9** (*travailler*) aussi sur ma chaîne de webtélé « La Télé à Vous ». Je suis aussi présidente de « Gabonaises d'Aujourd'hui ». Dans cette organisation nous **10** (*encourager*) les femmes gabonaises à partager leurs expériences sur les réseaux sociaux et sur YouTube.

4 **In pairs, interview another French celebrity. Use one of the profiles below. Use the verbs correctly in the present tense.**

> Look up Laetitia Ky, an artist from Ivory Coast who does interesting hair sculptures.

Quelle est votre nationalité?	Qu'est-ce que vous faites comme travail?

Nom: Kylian Mbappé
Nationalité: français
Profession: footballeur
Travail actuel: (jouer) pour l'équipe de France, beaucoup (m'entraîner), (marquer) des buts.

Nom: Laetitia Ky
Nationalité: ivoirienne (Côte d'Ivoire)
Profession: dessinatrice de mode, artiste
Travail actuel: (dessiner) ma nouvelle collection de vêtements, (sculpter) mes cheveux en formes bizarres, (poster) des images en ligne.

5 **Lis le texte sur O'Plérou Grebet et réponds aux questions. Puis traduis les verbes en gras en anglais.**

O'Plérou Grebet est un jeune africain de la Côte d'Ivoire. Il **se décrit** comme un étudiant « typique », mais en réalité il **passe** son temps libre à créer des émoticônes qui **représentent** la culture et la nourriture de l'Afrique francophone.

Chaque jour, il **publie** ses dessins sur Instagram. Pour créer ses dessins uniques, il **dessine** d'abord à la main et puis il **utilise** un ordinateur. On **peut** voir ses émoticônes sur des vêtements partout en Côte d'Ivoire. Son rêve est de voir ses émoticônes sur le clavier d'un portable. On a déjà utilisé ses dessins pendant des évènements sportifs comme La Coupe du Monde!

1 Que fait O'Plérou Grebet pendant son temps libre?
2 Où est-ce qu'il publie ses créations?
3 Comment est-ce qu'il travaille pour créer une émoticône?
4 Où est-ce qu'on peut voir ses images?
5 Quel est son rêve pour l'avenir?

6 **Traduis le premier paragraphe du texte de l'exercice 5 en anglais.**

> As you answer the questions in French, look for the correct information in the text. You can then use the words from the text for your answer.

6 On va jouer au foot!

- Understanding how to use the near future and simple future tenses
- Discussing plans for the future

Lire
1 Lis l'article et réponds aux questions. Puis relis l'article et trouve les verbes au futur proche.

Coralie

L'équipe de foot féminine du Cameroun, qui s'appelle les Lionnes, a participé à la Coupe du Monde féminine. Coralie est depuis toujours fan de l'équipe et elle réfléchit: qu'est-ce que les Lionnes vont faire pendant les vacances d'été?

Alexandra Takounda, l'une des attaquantes, a des frères aînés. Alors je pense qu'elle va rendre visite à sa famille – ils vont peut-être manger ensemble et jouer au foot!

Raissa Feudjio, qui joue en milieu du terrain, adore cuisiner. Elle va peut-être rester à la maison, faire de la cuisine et passer du temps avec des amis. Après la Coupe du Monde, elle va faire la grasse matinée aussi, je crois!

Yvonne Leuko, l'une des défenseuses, aime lire. Je crois que pendant ses vacances elle va lire plein de romans. À mon avis, elle ne va pas faire beaucoup de sport!

Qui …?
1 va rester au lit le matin?
2 va faire du sport?
3 va retrouver ses copains?
4 va faire de la lecture?
5 va préparer un repas?
6 ne va pas beaucoup jouer au foot?

TRAPS: Look out for synonyms and **A**lternative ways of saying the same thing. These are often key to answering questions correctly.

Écouter
2 Écoute. Deux jeunes footballeurs participent à la Coupe du Monde des moins de 20 ans. Qu'est-ce qu'ils vont faire après la compétition? Qu'est-ce qu'ils ne vont pas faire? Copie et complète le tableau.

	is going to …	isn't going to …
Gazali		
Esmée		

fêter to celebrate

 G

For the near future tense, use the present tense of the verb **aller** + an infinitive.

Je **vais** aller à la plage.
Tu **vas** faire du sport?
Il **va** rester au lit.
Nous **allons** jouer au foot.
Vous **allez** passer les vacances en France?
Elles **vont** se reposer.

How would you translate these sentences into English?

If using **negatives**, put them around the verb aller, before the infinitive:

Je **ne** vais **pas** rester au lit.
Je **ne** vais **jamais** faire de sports aquatiques.
Je **ne** vais **rien** faire.

Parler
3 En tandem. Fais la liste des activités des exercices 1 et 2 au futur proche. Tu es Mahrez ou Mané. Qu'est-ce que tu vas faire après la Coupe d'Afrique des Nations?

- *Qu'est-ce que tu vas faire, Riyad?*
- *Je vais … / Je ne vais pas … / Nous allons …*

Riyad Mahrez (Algérie)

Sadio Mané (Sénégal)

4 Écoute et lis. Vrai ou faux?

> Gabriel et Alexandra sont de jeunes sportifs français. Ici nous découvrons leurs objectifs sportifs.

La saison prochaine sera très dure mais je gagnerai des « caps » supplémentaires.
L'année prochaine, je continuerai à progresser.
À l'avenir, je serai footballeur professionnel.
Un jour, je jouerai pour l'équipe nationale française.

Gabriel

L'année prochaine, je ferai une formation de volley à Montpellier.
Après ma formation, je choisirai mon équipe.
Je serai impatiente de jouer à l'étranger.
En 2024, je participerai aux Jeux Olympiques.

Alexandra

1 Gabriel ne fera pas de progrès.
2 La saison prochaine sera facile pour Gabriel.
3 Gabriel ne jouera pas au foot dans une équipe professionnelle.
4 Alexandra ira aux Jeux Olympiques.
5 Alexandra restera en France pour jouer au volley.
6 Alexandra fera une formation dans une école de volley.

5 Écoute et note en anglais. Qu'est-ce qu'on fera à l'avenir? (1–4)

6 En tandem. Qu'est-ce que tu feras à l'avenir dans ton sport? Explique tes objectifs à un(e) partenaire.

La saison prochaine,	je continuerai	à jouer / à progresser.
	je travaillerai	dur.
L'année prochaine,	je gagnerai	des matchs.
		des compétitions.
Plus tard,		des médailles.
À l'avenir,		un trophée.
Un jour,	je jouerai	pour l'équipe nationale.
		pour mon équipe.
	je participerai	aux Jeux Olympiques.
		à un tournoi mondial.
	je ferai	une formation.
	je serai	footballeur.
		joueur professionnel.
	j'irai	à Paris / à l'étranger.

Use the (simple) future tense to talk about what <u>will happen</u>.

For regular –*er* and –*ir* verbs, use the infinitive as the future stem and add **these endings**:

jouer
*je jouer**ai***
*tu jouer**as***
*il/elle/on jouer**a***
*nous jouer**ons***
*vous jouer**ez***
*ils/elles jouer**ont***

Other verbs use the same endings but have their own future stem:

–*re* verbs: *attendre* ➡ *attendr– j'attendr**ai***

avoir ➡ *aur–* *j'aur**ai***
être ➡ *ser–* *je ser**ai***
aller ➡ *ir–* *j'ir**ai***
faire ➡ *fer–* *je fer**ai**.*

7 Translate the text into French. Make sure you use the near future and simple future tenses in the correct places.

> Today I'm going to stay at home and relax. I'm going to read or play on my PlayStation. I love playing video games! The next season will be very hard. I'm a striker in my football team and I will continue to progress, I hope. One day, I will be a professional player abroad.

Be careful with the verbs in this text. Sometimes you need the near future tense and sometimes the simple future.

On a fait le tour du monde!

- Understanding how to use the perfect and imperfect tenses
- Discussing a past trip round the world

 Écouter 1 Écoute et lis le texte et note <u>cinq</u> détails en anglais. Puis relis le texte et trouve les verbes au passé composé.

> Je m'appelle Caroline Moireaux et j'ai choisi de faire le tour du monde à pied. J'ai commencé en 2011 et j'ai déjà visité 30 pays.

> Je suis allée à pied jusqu'au Japon, puis j'ai dû prendre le bateau pour traverser le Pacifique et rejoindre l'Alaska aux États-Unis.

> J'ai pris beaucoup de photos et j'ai aussi fait des vidéos. Le meilleur moment a été quand nous sommes arrivés en Alaska. C'était spectaculaire!

> Nous avons vu plein d'animaux et de beaux paysages. J'ai beaucoup appris sur la culture des différents pays pendant mon voyage. Je me suis bien amusée!

 Parler 2 En tandem. Relis le texte de l'exercice 1 et invente des questions pour Caroline. Puis pose les questions et réponds.

- *Combien de pays est-ce que vous avez visités?*
- *J'ai visité … pays.*

Look through the text in exercise 1 and identify information that you could base your questions on. Then look at these question words:

Où (where)   **Combien** (how many)
Comment (how)   **Que** (what)

What could you ask using these question words? Do the verbs you need to use take **avoir** or **être** in the perfect tense?

Où *est-ce que vous* **êtes** *allé(e)?*

Qu'*est-ce que vous* **avez** *fait?*

 G

Most verbs use **avoir** in the perfect tense.

voyager ➡ *j'**ai** voyagé*
choisir ➡ *j'**ai** choisi*
attendre ➡ *j'**ai** attendu*

Some verbs are irregular:

avoir ➡ *j'**ai** eu*
être ➡ *j'**ai** été*
voir ➡ *j'**ai** vu*
devoir ➡ *j'**ai** dû* (I had to)
faire ➡ *j'**ai** fait*
prendre ➡ *j'**ai** pris*

Some verbs use **être** (not *avoir*).

The past participle must <u>agree</u> with the subject:
*je **suis** allé(e)* (I went)
*nous **sommes** allé(e)s* (we went)
*je **suis** parti(e)* (I left)
*nous **sommes** parti(e)s* (we left)

Reflexive verbs also take **être**:

s'amuser (to have fun) ➡ *je <u>me</u> **suis** amusé(e)*

 Écouter 3 Écoute les interviews avec d'autres voyageurs. Choisis la bonne réponse pour compléter chaque phrase. (1–2)

1 Laurent a voyagé **en bus / en train / à vélo**.
2 Laurent a visité **5 / 179 / 197** pays.
3 Le meilleur moment a été quand Laurent a **visité l'Argentine / rencontré une fille / commencé le voyage**.
4 Yanis, Valentine et les enfants ont voyagé **à vélo / en bateau / en train**.
5 Le voyage a duré **4 / 5 / 25** ans.
6 Yanis et Valentine ont adoré **les baleines et les dauphins / la plongée / voyager en bateau**.

TRAPS:

- **R**eflect, don't **R**ush! Listen to the whole of the sentence before you decide on the answer.
- **S**ubject: listen carefully – who is involved?

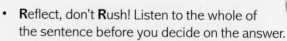

4 Lis l'article sur Xavier. Réponds aux questions en anglais.

J'ai voyagé à Tofua, une île déserte située dans le Pacifique. Je suis parti avec très peu de bagages et j'étais isolé, mais j'ai passé 300 jours sur Tofua!

Chaque matin, je faisais du feu et je mangeais quelque chose. L'après-midi je plantais des fruits et je faisais du bricolage pour fabriquer une canne à pêche, par exemple. Le soir, je prenais des photos et je filmais l'île avec ma caméra.

Un jour des touristes norvégiens sont venus sur l'île et nous avons mangé ensemble. C'était un vrai bonheur.

J'ai appris beaucoup de choses sur l'île et j'étais très content de mes expériences! Quand je suis rentré en Suisse, j'avais des kilos en moins et une barbe en plus!

Xavier Rosset, un Suisse qui a passé un an sur une île déserte

1 Exactly how long was Xavier on the island of Tofua?
2 What did he do in the mornings?
3 What did he do in the evenings?
4 What happened when the Norwegian tourists visited?
5 How did Xavier feel about his time on the island?

| le bricolage | DIY |
| la canne à pêche | fishing rod |

5 Relis l'article. Trouve les verbes à l'imparfait. Traduis les verbes en anglais.

6 Écoute. Copie et complète le tableau en anglais. (1–4)

where they went	what they did (used to do)

There are certain time expressions which you often hear with the imperfect tense. They imply repeated activities in the past (things you 'used to' do). What do these mean?

chaque matin   tous les jours   souvent

G

You use the imperfect tense to describe what you used to do or what things used to be like. To form the imperfect tense, take –ons off the (present tense) nous form, and add these endings:

je fais**ais**
tu fais**ais**
il/elle/on fais**ait**
nous fais**ions**
vous fais**iez**
ils/elles fais**aient**

The only verb which has an irregular imperfect stem is être:

j'**ét**ais, elle **ét**ait, nous **ét**ions (etc.)

In English, we don't always say 'used to': When I was little, I climbed trees.

Whether or not you are using the words 'used to' in English, use the imperfect tense in French to talk about how things were in the past.

7 Traduis en français.

Perfect tense for completed actions in the past.

In 2014 I did a world tour with my sister. We travelled by bike and we visited 30 countries. The best moment was when we arrived in South America. We saw some magnificent mountains.

Which tense do you need with 'used to'?

Every morning I used to go to the market. In the afternoons I travelled and I visited the historic sites. I was very happy with my experiences.

Does this verb take être or avoir?

The imperfect tense is needed here to describe the past, even though there is no 'used to' in English.

On découvre des artistes francophones

- Preparing a presentation about a francophone artist, musician, writer or sportsperson
- Understanding how to ask and answer questions in a range of tenses

Angèle Van Laeken

Lire 1 Trouve la bonne réponse à chaque question.

1 Où et quand est-elle née?

2 Quelle est sa nationalité? Quelle est sa profession?

3 Qu'est-ce qu'elle faisait quand elle était plus jeune?

4 Quel a été son premier succès?

5 Qu'est-ce qu'elle a fait plus récemment?

6 Quels sont ses projets d'avenir?

a Son premier succès a été le single *La loi de Murphy*, qui est sorti en 2017.

b Elle a sorti un nouveau album, *Brol*. *Brol* a gagné un prix aux Victoires de la Musique.

c Elle est chanteuse et musicienne. Elle est de nationalité belge.

d Quand elle était plus jeune, elle allait à une école de jazz. Elle jouait aussi dans le groupe de son père.

e Elle est née le 3 décembre 1995 à Uccle en Belgique.

f L'année prochaine elle va continuer sa tournée en France et elle va sortir son prochain album. À l'avenir, elle travaillera avec des organisations caritatives.

Écouter 2 Écoute Annie qui a fait un projet sur Antoine Olivier Pilon. Copie et complète les phrases en français.

1 Il est né à _____ au _____.

2 Il est de nationalité _____ et il est _____.

3 Quand il avait _____, il a joué un rôle dans _____ qui s'appelait *Les Argonautes*.

4 Son premier grand succès a été quand il a joué _____ principal dans *Mommy* en _____.

5 Il _____ le rôle de de Janeau Trudel, un joueur professionnel _____, dans le film *Junior Majeur*.

6 Il va jouer dans _____ au Canada. Un jour, il fera peut-être _____ avec ses copains.

> Look at the answers to the questions in exercise 1. Can you find examples of these tenses?
>
> Present tense: e.g. *je fais, je joue*
> Perfect tense: e.g. *j'ai fait, j'ai joué*
> Imperfect tense: e.g. *je faisais, je jouais*
> Near future tense: e.g. *je vais faire, je vais jouer*
> Future tense: e.g. *je ferai, je jouerai*

Antoine Olivier Pilon

Parler 3 En tandem. Tu es Antoine Olivier Pilon de l'exercice 2. Fais des notes. Puis fais une interview.

> Je suis né ...
>
> De nationalité canadienne / acteur

1 Où et quand es-tu né?

2 Quelle est ta nationalité et quelle est ta profession?

3 Qu'est-ce que tu faisais quand tu étais plus jeune?

4 Quel a été ton premier succès?

5 Qu'est-ce que tu as fait plus récemment?

6 Quels sont tes projets d'avenir?

4 **Lis l'article de Paul sur le groupe Magic System et lis les phrases. Trouve les trois phrases qui sont vraies.**

Le groupe Magic System comprend quatre musiciens qui s'appellent A'salfo, Manadja, Tino et Goudé. Ils sont tous ivoiriens et ils sont nés en Côte d'Ivoire. Ils font de la musique de genre « zouglou ».

Leur deuxième single « Premier Gaou » est sorti en 1999 et a eu beaucoup de succès. En 2015 le groupe a reçu le Grand Prix des musiques du monde. Leur chanson « Magic in the Air » était l'hymne officiel de l'équipe de France de football à la Coupe du Monde 2018.

Les membres du groupe font beaucoup de bénévolat et depuis 2008, ils organisent un festival de musique caritatif à Abidjan. En plus, ils organisent des concerts gratuits pour les pauvres.

À l'avenir, je pense qu'ils vont continuer à jouer de la musique. Ils travailleront peut-être avec l'Organisation internationale pour les migrations pour sensibiliser les jeunes Ivoiriens aux dangers de la migration clandestine.

par Paul, élève au Collège Alexandre Dumas

Look online for samples of music by Magic System and Angèle Van Laeken. You could share any that you particularly like with your class.

1 All of the band members were born in the same country.
2 Their second single, *Magic in the Air*, was released in 1999.
3 Hymns have been written based on their music.
4 A few years ago, they received an award for their music.
5 Poor people can go to their concerts free of charge.
6 In the future, they will work with young people to help prevent use of illegal drugs.

 5 **Do some research on one of the francophone artists below or a francophone artist of your choice. Prepare a presentation for your class.**

Clara Augarde est née … . Elle est de nationalité … et elle est actrice. Elle …

Clara Augarde, actrice

Léonore Baulac, danseuse

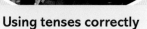
Toofan, groupe musical

Preparing your presentation
• Choose someone you know you can find information on, e.g. on Wikipedia.
• Keep the information simple.
• When you need to look up words, ask yourself if you need a noun or verb.
• For verbs, think about which tense and person of the verb you need.
• Draft your presentation and check it for errors.
• Choose your medium: video, PowerPoint, poster with presentation, etc.
• Practise the presentation. Pay particular attention to your pronunciation. If it sounds right, it will be more impressive.

Using tenses correctly
• Use the present tense to give details of his/her name, profession and nationality.
• Use the perfect tense to talk about:
  • where he/she was born
  • if he/she has won any prizes or what he/she has done recently.
• Use the imperfect tense to talk about what he/she used to do when younger.
• Use the near future or simple future tense to talk about his/her plans for the future.

Vocabulaire

Je voudrais visiter …	*I would like to visit …*	On va aller …	*We are going to go …*
Je veux visiter …	*I want to visit …*	au parc national.	*to the national park.*
parce que j'adore …	*because I love …*	à la montagne.	*to the mountains.*
le surf.	*surfing.*	à la mer.	*to the sea.*
la plongée avec masque et tuba.	*snorkelling.*	aux grottes.	*to the caves.*
		aux temples.	*to the temples.*
la plage.	*the beach.*	On va manger …	*We are going to eat …*
les poissons exotiques.	*exotic fish.*	une spécialité.	*a speciality.*
les fruits de mer.	*seafood.*	du couscous.	*couscous.*
Il y a …	*There is/are …*	du poisson.	*fish.*
un musée (d'art).	*a museum (of art).*	du poulet.	*chicken.*
un monument.	*a monument.*	de la glace.	*ice cream.*
des champs.	*fields.*	des frites.	*chips.*

C'est …	*It's …*	C'est un amphithéâtre magnifique.	*It is a magnificent amphitheatre.*
un pont …	*a(n) … bridge.*		
une montagne …	*a(n) … mountain.*	Ce sont des arènes magnifiques.	*They are magnificent arenas.*
une tour …	*a(n) … tower.*		
une île …	*a(n) … island.*	grand(e) / petit(e)	*big / small*
une église …	*a(n) … church.*	haut(e) / mauvais(e)	*high / bad*
impressionnant(e).	*impressive*	bon(ne)	*good*
mystérieux/ mystérieuse.	*mysterious*	beau/belle	*beautiful*
		nouveau/nouvelle	*new*
célèbre.	*famous*	vieux/vieille	*old*
magnifique. / magique.	*magnificent / magical*	C'est plus … que …	*It's more … than …*
romantique.	*romantic*	C'est moins … que …	*It's less … than …*

Tu aimes …?	*Do you like …?*	visiter des monuments historiques.	*visiting historic monuments.*
J'adore … / J'aime …	*I love … / I like …*		
aller au parc aquatique.	*going to the water park.*	voir des animaux sauvages.	*seeing wild animals.*
apprendre …	*learning …*	Je veux faire une excursion.	*I want to go on an excursion.*
à cuisiner des plats différents.	*to cook different dishes.*	On peut visiter …	*You can visit …*
à parler une nouvelle langue.	*to speak a new language.*	Je veux partir à 9 heures.	*I want to leave at 9 a.m.*
faire …	*doing …*	Il faut prendre votre passeport.	*It is necessary to take your passport.*
de la plongée.	*diving.*		
du parachutisme.	*parachuting.*	Il faut arriver ici à 8h30.	*It is necessary to arrive here at 8.30 a.m.*
une visite guidée.	*a guided visit.*		
des randonnées.	*hikes.*		
me bronzer sur la plage.	*sunbathing on the beach.*		

Unité 4 (pages 108–109) *Projet! Visite à un pays francophone!*

Pour moi, c'est la destination la plus sauvage.	*For me, it's the wildest destination.*	J'adore …	*I love …*
C'est le pays le plus intéressant.	*It's the most interesting country.*	les sports aquatiques.	*water sports.*
		les sites historiques.	*historic sites.*
		la forêt tropicale.	*tropical forest.*
		une course de F1.	*a Formula 1 race.*

Unité 5 (pages 110–111) *Rencontrer de jeunes francophones*

Sur la photo, il y a un homme / une femme qui …	*In the photo there is a man / a woman who …*	Il/Elle a l'air content(e).	*He/She appears (happy).*
est artiste.	*is an artist.*	En ce moment, …	*At the moment …*
est auteur.	*is an author.*	j'écris un blog.	*I am writing a blog.*
est chanteur(-euse).	*is a singer.*	j'étudie.	*I am studying.*
est musicien(ne).	*is a musician.*	je présente des émissions.	*I am presenting programmes.*
est cuisinier/cuisinière.	*is a cook.*	je travaille sur ma chaîne web.	*I am working on my internet channel.*
Il/Elle …	*He/She …*	j'encourage les femmes.	*I am encouraging women.*
fait (de la soupe).	*is making (soup).*	je m'entraîne.	*I am training.*
porte (une chemise).	*is wearing (a shirt).*	je marque des buts.	*I am scoring goals.*
chante (une chanson).	*is singing (a song).*	je dessine.	*I am drawing.*
joue (de la guitare).	*is playing (a guitar).*	je sculpte.	*I am sculpting.*
finit (une peinture).	*is finishing (a painting).*	je poste des images.	*I am posting images.*
s'entend bien avec …	*is getting on well with …*		

Unité 6 (pages 112–113) *On va jouer au foot!*

Elle va / On va …	*She is going to / We are going to …*	je travaillerai dur.	*I will work hard.*
		je gagnerai …	*I will win …*
Elle ne va pas …	*She isn't going to …*	des médailles.	*some medals.*
lire plein de romans.	*read lots of novels.*	des compétitions.	*some competitions.*
rester à la maison.	*stay at home.*	un trophée.	*a trophy.*
passer du temps avec des amis.	*spend time with friends.*	je jouerai pour l'équipe nationale.	*I will play for the national team.*
faire la grasse matinée.	*have a lie-in.*	je participerai aux Jeux Olympiques.	*I will participate in the Olympic Games.*
rendre visite à sa famille.	*visit family.*	je participerai à un tournoi mondial.	*I will participate in a world tournament.*
se reposer.	*rest.*	je ferai une formation.	*I will do a training course.*
sortir avec ses amis.	*go out with her friends.*	je serai …	*I will be …*
La saison prochaine, …	*Next season, …*	je deviendrai …	*I will become …*
L'année prochaine, …	*Next year, …*	j'irai à l'étranger.	*I will go abroad.*
Plus tard, …	*Later, …*		
À l'avenir, …	*In future, …*		
je continuerai à jouer / à progresser.	*I will continue to play / to progress.*		

Unité 7 (pages 114–115) *On a fait le tour du monde!*

J'ai choisi de faire le tour du monde.	I chose to do a world tour.	Je me suis bien amusé(e)!	I enjoyed myself!
J'ai commencé en 2011.	I began in 2011.	Chaque matin, …	Every morning …
J'ai visité 30 pays.	I visited 30 countries.	je faisais du feu.	I made a fire.
à pied / à vélo.	by foot / by bike.	je mangeais quelque chose.	I ate something.
J'ai passé un an sur une île.	I spent one year on an island.	je prenais des photos.	I took photos.
J'ai dû prendre le bateau.	I had to take the boat.	je filmais avec ma caméra.	I filmed with my camera.
J'ai beaucoup appris sur la culture.	I learned a lot about culture.	J'étais très content(e) / isolé(e).	I was very happy / isolated.

Unité 8 (pages 116–117) *On découvre des artistes francophones*

Il/Elle est né(e) (à Montréal).	He/She was born (in Montreal).	Son album a gagné un prix.	His/Her album won a prize.
Il/Elle est né(e) le (3 décembre 1995).	He/She was born on (3 December 1995).	Il/Elle va … continuer sa tournée en France.	He/She is going to … continue his/her tour of France.
Il/Elle est de nationalité (belge).	He/She is (Belgian).	sortir son prochain album.	release his/her next album.
Il/Elle est chanteur/ chanteuse.	He/She is a singer.	jouer dans un nouveau film.	star in a new film.
Il/Elle allait à une école de jazz.	He/She went to a school of jazz.	Il/Elle aidera les autres.	He/She will help others.
Il/Elle jouait dans un groupe / un film.	He/She played in a group / a film.	Il/Elle travaillera avec des organisations caritatives.	He/She will work for charitable organisations.
Son premier succès a été (le single …).	His/Her first success was (the single …).	Il/Elle fera le tour du monde.	He/She will do a world tour.

À toi

1 Read the sentences and give a reason in English why each one is illogical.

1 Quand je suis seule, j'aime <u>jouer au volleyball avec mes amis</u>.

2 Comme sports, j'adore <u>lire des BD ou faire les magasins</u>.

3 Je suis membre du club de théâtre et nous <u>avons un match tous les samedis</u>.

4 Je m'entends bien avec mon meilleur copain parce qu'il <u>se fâche contre moi</u>.

5 À ma fête d'anniversaire chez moi, <u>je suis allée en ville et j'ai vu un film au cinéma</u>.

6 Mon frère va faire du camping, alors il va mettre <u>un costume bleu avec une cravate jaune</u>.

2 Rewrite each sentence from exercise 1, changing the underlined words to make the sentence logical. Use your own ideas – there are lots of possible answers!

3 Read this account of a disastrous birthday and answer the questions in English.

Mon anniversaire complètement désastreux!

Lucas

Samedi dernier, j'ai fêté mon anniversaire, mais c'était un désastre total! D'abord, le matin, j'ai ouvert mes cadeaux. De ma mère, j'ai reçu un pull vert et jaune vraiment horrible; de mon père, j'ai reçu des livres ennuyeux pour le collège et de ma sœur, une casquette trop petite!

Ensuite, l'après-midi, je suis allé au cinéma avec ma petite copine, Lucie. D'habitude, je m'entends bien avec elle, mais je me suis disputé avec elle parce qu'elle a choisi une comédie qui n'était pas du tout drôle. Puis nous avons mangé un hamburger-frites, mais c'était mauvais et après, j'ai beaucoup vomi!

Finalement, le soir, j'ai invité tous mes amis à une fête chez moi, mais Lucie a dansé toute la soirée avec mon meilleur copain, Guillaume, alors j'étais très jaloux et je suis resté tout seul dans la cuisine. De plus, mon chien, Toto, qui adore le chocolat, a mangé la dernière tranche du gâteau d'anniversaire et moi, je n'ai rien mangé. Quelle horreur! Pour mon prochain anniversaire, je vais rester au lit!

1 What birthday presents did Lucas receive from his parents?

2 What was wrong with the cap his sister bought him?

3 Why did he argue with his girlfriend when they went to the cinema?

4 What went wrong after they had been to the cinema?

5 Where did Lucas spend the evening of his party and why?

6 Why did he not get to eat any of his own birthday cake?

7 What does he say he is going to do on his birthday next year?

4 Now write an account of a <u>perfect</u> birthday, using your own ideas. You could adapt some of the language from exercise 3. Include some opinions.

À toi

1 You and your friends have bought some fortune cookies in France. Translate each fortune into English.

1 Tu iras en Grèce où tu feras du travail bénévole avec des réfugiés.

2 Tu achèteras un grand château en Irlande où tu habiteras avec ton/ta très gentil/gentille partenaire.

3 Tu seras très riche car tu inventeras une appli extraordinaire pour aider les personnes âgées.

4 Tu seras pilote de formule 1 et tu gagneras le Grand Prix de Monaco.

5 Tu n'auras pas beaucoup d'argent mais tu trouveras un métier qui sera très utile à la société.

2 Write **five** more fortunes in French in the future tense. Use *tu* and connectives such as *et*, *où*, *mais*, *ou* and *car*.

3 Read the text, then answer the questions in French.

Je m'appelle Henri, j'ai 14 ans et je suis acteur. L'année dernière, j'ai joué dans un grand film avec Marion Cotillard. J'habite à Lyon mais je dois aller à Paris pour mon travail. Cependant, à l'âge de 15 ans, j'irai au lycée car je veux continuer l'école. Je veux être acteur professionnel parce que c'est vraiment passionnant et parce que j'adore travailler avec les autres. Dans 10 ans, je gagnerai un César!

un César *French film award, similar to an Oscar or Bafta*

1 Henri, qu'est-ce qu'il fait comme métier?
2 Avec qui est-ce qu'il a joué dans un grand film?
3 Où est-ce qu'il doit aller pour son travail?
4 Quand est-ce qu'il ira au lycée?

5 Pourquoi est-ce qu'il veut être acteur professionnel?
6 Qu'est-ce qu'il fera à l'âge de 24 ans?

4 Adapt the text from exercise 3 to translate this text into French.

My name is Mélodie. I am 13 and I am a dancer. Last year I danced in a big concert with Stromae. I live in the countryside but I must go to Paris to dance. But at the age of 16, I will stay at school because I want to study French, English and sport. I want to be a professional dancer because it is very creative and I love dancing. In 10 years' time, I will work on a cruise ship and I will travel round the world.

À toi

1 Match the sentence halves. Then copy out the whole text and translate it into English.

Mon école primaire était …

Il y avait environ deux cents …

C'était un vieux bâtiment, avec …

Dehors, il y avait …

Mon instituteur, Monsieur Martin, …

Ma matière préférée, c'était …

J'étais assez heureux à l'école car j'avais …

Make your translation sound natural, but take care not to miss out small words such as qualifiers.

était très gentil.

la musique parce que j'adorais chanter.

huit salles de classe et une salle de réunion.

assez petite.

beaucoup d'amis.

élèves et huit instituteurs ou institutrices.

un terrain de sport et une cour de récréation.

dehors outside

2 Écris une description de ton école primaire. Adapte le texte de l'exercice 1.

Mon ecole primaire etait <u>de taille moyenne</u>. Il y avait environ <u>trois cents</u> elèves et …

3 Lis le texte et réponds aux questions en anglais.

Le chanteur et rappeur Stromae (son vrai nom Paul Van Haver) est né à Bruxelles, d'une mère belge et d'un père rwandais.

Stromae a fait ses études à l'Académie musicale où il a appris à jouer de la batterie. À dix-huit ans, il a formé le groupe *Suspicion* et il a changé son nom pour Stromae (c'est «maestro» en verlan!). Il a aussi diffusé des vidéos musicales sur Internet.

En 2009, sa chanson *Alors, on danse*, a été un énorme succès commercial et en 2013, il a gagné le prix du meilleur artiste belge aux MTV Awards. De plus, il a collaboré avec d'autres artistes doués, tels que Will.i.am, Lorde et Maître Gims.

Stromae s'intéresse aussi à la mode et en 2014, il a lancé une marque de vêtements, «Mosaert». Un an plus tard, il a fait une grande tournée au Canada, aux États-Unis, au Brésil, en Asie et en Afrique.

To deal with a more challenging text:

Read through it quickly and try to get the gist.

Look at the questions and scan the text for the information you need.

Use the context and your common sense to work out meaning.

Only use a dictionary as a last resort. Avoid looking up more than two words.

1 In which country was Stromae born?
2 What did he learn to do at the music academy?
3 Name <u>two</u> things he did when he was eighteen.
4 What was the title of his first big hit?
5 Which award did he win in 2013?
6 What did Stromae launch in 2014?
7 In which year did he embark on a big world tour?

À toi

1 Match the questions and answers.

1 Est-ce que tu es végan(ne)?

2 Qu'est-ce que tu fais pour protéger la nature?

3 Comment est-ce que tu as protégé l'environnement récemment?

4 Qu'est-ce que tu aimerais faire pour réduire le plastique au collège?

5 Quelle sorte de travail bénévole est-ce que tu aimerais faire?

a J'ai recyclé le plastique et les journaux.

b Je voudrais travailler pour une association caritative écolo.

c Je ne mange jamais de produits d'origine animale.

d J'aimerais utiliser un gobelet réutilisable.

e Je suis membre d'un groupe écolo.

2 Write your own answers to the questions in exercise 1.

3 Read the letters and summarise each problem in English. Then choose the most appropriate solution for each problem.

1
Je voudrais devenir végétarien mais ma famille adore manger de la viande. Ma mère ne prépare jamais de repas végétariens parce qu'elle pense que ce n'est pas sain pour les adolescents. :(**Liam**

2
Récemment, mon petit ami et moi, nous sommes allés à Paris où nous avons manifesté contre le changement climatique. C'était vraiment passionnant. Je voudrais devenir membre d'un groupe écolo mais il n'y a pas de groupes dans ma ville. **?** **Sophie**

3
J'adore les animaux et j'aimerais faire du travail bénévole dans un zoo. Mais j'habite à la campagne et il n'y a pas de zoos ici. Comment est-ce que je peux aider les animaux? **Adèle**

4

Je pense que le plastique à usage unique est le problème le plus grave pour la planète. Mon frère va au café où il achète deux ou trois cafés tous les jours. Il jette tout le plastique à la poubelle. **Simon**

a Tu peux adopter un panda ou une autre espèce menacée.

b C'est quand, son anniversaire? Il faut lui acheter un gobelet réutilisable!

c Prépare un dîner sans viande pour la famille une fois par semaine. Ça va être savoureux – et très équilibré!

d Il faut contacter Greenpeace et organiser une réunion là où tu habites.

4 Translate this letter into French by using and/or adapting language from the letters in exercise 3.

I would like to become vegan because I think that climate change is the most important problem for the planet. Recently I went to Paris, where I demonstrated with my ecological group. But my family loves eating fish and my sister goes to the canteen where she eats meat every day. How can I become vegan?

Les verbes

Infinitives

Regular –er verb infinitives

acheter	to buy	essayer	to try (on)	progresser	to progress
adorer	to love	étudier	to study	protéger	to protect
aider	to help	expliquer	to explain	quitter	to leave
aimer	to like	gagner	to win/earn	ramasser	to collect
appliquer	to apply (e.g. make up)	garder	to look after	recycler	to recycle
arriver	to arrive	goûter	to taste	recommencer	to start again
bavarder	to chat	habiter	to live	refuser	to refuse
bloguer	to blog	immigrer	to immigrate	regarder	to watch
bricoler	to make things	inventer	to invent	rentrer	to return (home)
chanter	to sing	jouer	to play	rester	to stay (remain)
chercher	to look for	laisser	to leave (something)	rester	to stay (remain)
commencer	to start	manger	to eat	retourner	to return
continuer	to continue	marcher	to walk	retrouver	to meet (up with)
couper	to cut	marquer	to score (goals)	rigoler	to laugh/joke
coûter	to cost	nager	to swim	surfer	to surf
créer	to create	organiser	to organise	tchatter	to chat (online)
danser	to dance	partager	to share	télécharger	to download
déménager	to move (house)	participer (à)	to participate (in)	téléphoner	to phone
dépenser	to spend	passer	to spend (time)	tourner	to turn
dessiner	to draw	penser	to think	traîner	to hang around
détester	to hate	planter	to plant	travailler	to work
discuter	to talk, discuss	porter	to wear	trouver	to find
écouter	to listen (to)	poster	to post (online)	utiliser	to use
emprunter	to borrow	préférer	to prefer	visiter	to visit
envoyer	to send	préparer	to prepare	voyager	to travel

Regular –ir verb infinitives

applaudir	to clap/applaud	finir	to finish	vomir	to vomit
choisir	to choose	nourrir	to feed		

Regular –re verb infinitives

attendre	to wait for	perdre	to lose	vendre	to sell
entendre	to hear	rendre visite (à)	to visit (someone)		

Modal verb infinitives (irregular)

vouloir	to want	pouvoir	can / to be able to	devoir	must / to have to

Les verbes

Reflexive verb infinitives

s'amuser	*to enjoy yourself*	se coucher	*to go to bed*	se fâcher (contre)	*to get angry (at)*
s'appeler	*to be called*	se disputer (avec)	*to argue (with)*	s'habiller	*to get dressed*
se blesser	*to get injured*	se doucher	*to shower*	se laver	*to have a wash*
se bronzer	*to sunbathe*	s'entendre (avec)	*to get on (with)*	se lever	*to get up*
se coiffer	*to do (your) hair*	s'entraîner	*to train*	se reposer	*to relax, rest*

Irregular verb infinitives

aller	*to go*	écrire	*to write*	prendre	*to take*
avoir	*to have*	être	*to be*	recevoir	*to receive*
boire	*to drink*	faire	*to do*	sortir	*to go out*
construire	*to build*	lire	*to read*	traduire	*to translate*
découvrir	*to discover*	mettre	*to put*	venir	*to come*
devenir	*to become*	naître	*to be born*	voir	*to see*
dormir	*to sleep*	ouvrir	*to open*		
courir	*to run*	partir	*to leave*		

Structures using infinitives

In French there are a number of verbs which are usually followed by an infinitive.

Verbs of opinion + infinitives

aimer (*to like*)	adorer (*to love*)	détester (*to hate*)
j'**aime** regarder	j'**adore** regarder	je **déteste** regarder
tu **aimes** regarder	tu **adores** regarder	tu **détestes** regarder
il/elle/on **aime** regarder	il/elle/on **adore** regarder	il/elle/on **déteste** regarder
nous **aimons** regarder	nous **adorons** regarder	nous **détestons** regarder
vous **aimez** regarder	vous **adorez** regarder	vous **détestez** regarder
ils/elles **aiment** regarder	ils/elles **adorent** regarder	ils/elles **détestent** regarder

Modal verbs + infinitives

devoir (*to have to*)	pouvoir (*to be able to*)	vouloir (*to want to*)
je **dois** regarder	je **peux** regarder	je **veux** regarder
tu **dois** regarder	tu **peux** regarder	tu **veux** regarder
il/elle/on **doit** regarder	il/elle/on **peut** regarder	il/elle/on **veut** regarder
nous **devons** regarder	nous **pouvons** regarder	nous **voulons** regarder
vous **devez** regarder	vous **pouvez** regarder	vous **voulez** regarder
ils/elles **doivent** regarder	ils/elles **peuvent** regarder	ils/elles **veulent** regarder

The near future + infinitive

In order to say what you 'are going to do', use the present tense of **aller** (to go) + infinitive.
Aller changes depending on who you are talking about, but the infinitive always stays the same.

regarder (*to watch*)	
je **vais** regarder	*I'm going to watch*
tu **vas** regarder	*you are going to watch*
il/elle **va** regarder	*he/she is going to watch*
on **va** regarder	*we are going to watch*
nous **allons** regarder	*we are going to watch*
vous **allez** regarder	*you are going to watch* (plural or polite)
ils/elles **vont** regarder	*they are going to watch*

The present tense regular verb patterns

Regular –er verbs

regarder (*to watch*)
je regard**e**
tu regard**es**
il/elle/on regard**e**
nous regard**ons**
vous regard**ez**
ils/elles regard**ent**

Regular -ir verbs

finir (*to finish*)
je fin**is**
tu fin**is**
il/elle/on fin**it**
nous fin**issons**
vous fin**issez**
ils/elles fin**issent**

Regular -re verbs

attend**re** (*to wait*)
j'attend**s**
tu attend**s**
il/elle/on attend
nous attend**ons**
vous attend**ez**
ils/elles attend**ent**

Reflexive verbs

Reflexive verbs have a **reflexive pronoun**. It shows that an action happens
to 'myself', 'yourself', 'himself', 'herself', etc. (e.g. 'I wash **myself**').

se laver (*to have a wash*)	
je **me** lave	*I have a wash*
tu **te** laves	*you have a wash*
il/elle **se** lave	*he/she has a wash*
on **se** lave	*we have a wash*
nous **nous** lavons	*we have a wash*
vous **vous** lavez	*you have a wash* (plural or polite)
ils/elles **se** lavent	*they have a wash*

Les verbes

The future tense

The future tense is used to say what <u>will happen</u>. Use the **future stem** + the **future tense endings**.

–er and *–ir* verbs

Future stem = infinitive

travailler *(to work)*	
je travaille**rai**	*I will work*
tu travaille**ras**	*you will work*
il/elle/on travaille**ra**	*he/she/we will work*
nous travaille**rons**	*we will work*
vous travaille**rez**	*you will work*
ils/elles travaille**ront**	*they will work*

–re verbs

Future stem = infinitive minus the final 'e': attendre ➡ attendr

attendre *(to wait)*	
j'attend**rai**	*I will wait*
tu attend**ras**	*you will wait*
il/elle/on attend**ra**	*he/she/we will wait*
nous attend**rons**	*we will wait*
vous attend**rez**	*you will wait*
ils/elles attend**ront**	*they will wait*

Irregular future stems:

avoir ➡ *aur–* (*j'aurai*)

être ➡ *ser–* (*je serai*)

aller ➡ *ir–* (*j'irai*)

faire ➡ *fer–* (*je ferai*)

The perfect tense

The perfect tense is used to say what you did or have done ('I went to France', 'I have been to France').

Verbs with *avoir*

To form the perfect tense, most verbs need the present tense of **avoir** (to have) and a **past participle**.

e.g. *regard**er** – regard**é** (watched)* *chois**ir** – chois**i** (chose)* *perd**re** – perd**u** (lost)*

regarder *(to watch)*
j'**ai** regardé
tu **as** regardé
il/elle/on **a** regardé
nous **avons** regardé
vous **avez** regardé
ils/elles **ont** regardé

choisir *(to choose)*
j'**ai** choisi
tu **as** choisi
il/elle/on **a** choisi
nous **avons** choisi
vous **avez** choisi
ils/elles **ont** choisi

perdre *(to lose)*
j'**ai** perdu
tu **as** perdu
il/elle/on **a** perdu
nous **avons** perdu
vous **avez** perdu
ils/elles **ont** perdu

Verbs with *être* (perfect tense)

Some verbs use **être** (rather than *avoir*) to form the perfect tense. The past participles of these verbs must agree with the subject.

aller *(to go)*
je **suis** allé(e)
tu **es** allé(e)
il **est** allé/elle **est** allée
on **est** allé(e)(s)
nous **sommes** allé(e)s
vous **êtes** allé(e)(s)
ils **sont** allés elles **sont** allées

partir *(to leave)*
je **suis** parti(e)
tu **es** parti(e)
il **est** parti/elle **est** partie
on **est** parti(e)(s)
nous **sommes** parti(e)s
vous **êtes** parti(e)(s)
ils **sont** partis elles **sont** parties

descendre *(to go down)*
je **suis** descendu(e)
tu **es** descendu(e)
il **est** descendu/elle **est** descendue
on **est** descendu(e)(s)
nous **sommes** descendu(e)s
vous **êtes** descendu(e)(s)
ils **sont** descendus elles **sont** descendues

The imperfect tense

Use the imperfect tense to say 'used to' or to describe things in the past.

To form the imperfect tense, take *–ons* off the present tense *nous* form and add **these endings**:

jouer (*to play*)	
je jou**ais**	*I used to play*
tu jou**ais**	*you used to play*
il/elle/on jou**ait**	*he/she/we used to play*
nous jou**ions**	*we used to play*
vous jou**iez**	*you used to play*
ils/elles jou**aient**	*they used to play*

The only imperfect tense verb that doesn't use the *nous* form (minus the ending) is *être*:

être (*to be*)	
j'**étais**	*I was / I used to be*
tu **étais**	*you were / you used to be*
il/elle/on **était**	*he/she was / we were* *he/she/we used to be*
nous **étions**	*we were / we used to be*
vous **étiez**	*you were / you used to be*
ils/elles **étaient**	*they were / they used to be*

Irregular verbs in the present, perfect and future tenses

Infinitive	Present tense				Perfect tense	Future tense
aller – *to go*	je	**vais**	nous	**allons**	je **suis allé(e)**	j'**irai**
	tu	**vas**	vous	**allez**		
	il/elle/on	**va**	ils/elles	**vont**		
avoir – *to have*	j'	**ai**	nous	**avons**	j'**ai eu**	j'**aurai**
	tu	**as**	vous	**avez**		
	il/elle/on	**a**	ils/elles	**ont**		
boire – *to drink*	je	**bois**	nous	**buvons**	j'**ai bu**	je **boirai**
	tu	**bois**	vous	**buvez**		
	il/elle/on	**boit**	ils/elles	**boivent**		
construire – *to build*	je	**construis**	nous	**construisons**	j'**ai construit**	je **construirai**
	tu	**construis**	vous	**construisez**		
	il/elle/on	**construit**	ils/elles	**construisent**		
découvrir – *to discover*	je	**découvre**	nous	**découvrons**	j'**ai découvert**	je **découvrirai**
	tu	**découvres**	vous	**découvrez**		
	il/elle/on	**découvre**	ils/elles	**découvrent**		
devenir – *to become*	je	**deviens**	nous	**devenons**	je **suis devenu(e)**	je **deviendrai**
	tu	**deviens**	vous	**devenez**		
	il/elle/on	**devient**	ils/elles	**deviennent**		
dormir – *to sleep*	je	**dors**	nous	**dormons**	j'**ai dormi**	je **dormirai**
	tu	**dors**	vous	**dormez**		
	il/elle/on	**dort**	ils/elles	**dorment**		
courir – *to run*	je	**cours**	nous	**courons**	j'**ai couru**	je **courrai**
	tu	**cours**	vous	**courez**		
	il/elle/on	**court**	ils/elles	**courent**		
être – *to be*	je	**suis**	nous	**sommes**	j'**ai été**	je **serai**
	tu	**es**	vous	**êtes**		
	il/elle/on	**est**	ils/elles	**sont**		

Les verbes

faire – *to do/make*	je tu il/elle/on	**fais** **fais** **fait**	nous vous ils/elles	**faisons** **faites** **font**	j'ai fait	je ferai
lire – *to read*	je tu il/elle/on	**lis** **lis** **lit**	nous vous ils/elles	**lisons** **lisez** **lisent**	j'ai lu	je lirai
mettre – *to put (on)*	je tu il/elle/on	**mets** **mets** **met**	nous vous ils/elles	**mettons** **mettez** **mettent**	j'ai mis	je mettrai
ouvrir – *to open*	j' tu il/elle/on	**ouvre** **ouvres** **ouvre**	nous vous ils/elles	**ouvrons** **ouvrez** **ouvrent**	j'ai ouvert	j'ouvrirai
partir – *to leave*	je tu il/elle/on	**pars** **pars** **part**	nous vous ils/elles	**partons** **partez** **partent**	je suis parti(e)	je partirai
prendre – *to take*	je tu il/elle/on	**prends** **prends** **prend**	nous vous ils/elles	**prenons** **prenez** **prennent**	j'ai pris	je prendrai
recevoir – *to receive*	je tu il/elle/on	**reçois** **reçois** **reçoit**	nous vous ils/elles	**recevons** **recevez** **reçoivent**	j'ai reçu	je recevrai
sortir – *to go out*	je tu il/elle/on	**sors** **sors** **sort**	nous vous ils/elles	**sortons** **sortez** **sortent**	je suis sorti(e)	je sortirai
traduire – *to translate*	je tu il/elle/on	**traduis** **traduis** **traduit**	nous vous ils/elles	**traduisons** **traduisez** **traduisent**	j'ai traduit	je traduirai
venir – *to come*	je tu il/elle/on	**viens** **viens** **vient**	nous vous ils/elles	**venons** **venez** **viennent**	je suis venu(e)	je viendrai
voir – *to see*	je tu il/elle/on	**vois** **vois** **voit**	nous vous ils/elles	**voyons** **voyez** **voient**	j'ai vu	je verrai

Modal verbs in the present, perfect and future tenses

Infinitive	Present tense				Perfect tense	Future tense
devoir – *to have to*	je tu il/elle/on	**dois** **dois** **doit**	nous vous ils/elles	**devons** **devez** **doivent**	j'ai dû	je devrai
pouvoir – *to be able to*	je tu il/elle/on	**peux** **peux** **peut**	nous vous ils/elles	**pouvons** **pouvez** **peuvent**	j'ai pu	je pourrai
vouloir – *to want to*	je tu il/elle/on	**veux** **veux** **veut**	nous vous ils/elles	**voulons** **voulez** **veulent**	j'ai voulu	je voudrai

Glossaire

A

à l'avance *in advance*
à l'étranger *abroad*
à la main *by hand*
l' abbaye *abbey*
l' acteur *actor (m)*
actif(–ive) *(adj) active*
l' actrice *actor (f)*
l' ado *teenager*
l' adulte *adult*
l' agneau *lamb*
l' aide *help, aid*
aider *(v) to help*
aîné(e) *(adj) older, elder*
l' alcool *alcohol*
l' aliment *food(stuff)*
l' Amazonie *the Amazon*
américain(e) *(adj) American*
l' amoureux *lover (m)*
l' amoureuse *lover (f)*
l' année *year*
anti-bœuf *(adj) anti-beef*
anti-déchets *(adj) anti-rubbish*
l' appli *application, app*
appliquer *(v) to apply*
apporter *(v) to bring*
apprendre *(v) to learn*
l' apprentissage *apprenticeship*
arabe *(adj) Arabic*
l' arbre *tree*
l' arène *arena*
l' argent de poche *pocket money*
les arts martiaux *martial arts*
l' attaquant(e) *striker*
attendre *(v) to wait (for)*
l' aube *dawn*
aujourd'hui *today*
l' automne *autumn*
autre *(adj) other*
l' aventure *adventure*

B

les bagages *luggage*
la balade *walk, ride*
la baleine *whale*
le bambou *bamboo*
la banane *banana*
la bande *group*
la barbe *beard*
la basse *bass*
le bateau (de croisière) *(cruise) ship*
bavarder *(v) to chat*
le bébé *baby*
belge *(adj) Belgian*
la Belgique *Belgium*
bénévole *(adj) voluntary*
le billet *ticket*
bizarre *(adj) strange, odd*
blanchir *(v) to blanch, go pale*

bleu(e) *(adj) blue*
le blouson *jacket*
le bœuf *beef*
boire *(v) to drink*
le bois *wood*
la boîte *tin, can*
la boîte à déjeuner *lunchbox*
le bol *bowl*
le bombardement *bombing*
les bonbons *sweets*
le bonheur *happiness*
le boucher *butcher (m)*
la bouchère *butcher (f)*
la boucherie *butcher's shop*
bouclé(e) *(adj) curly*
la boucle d'oreille *earring*
bouger *(v) to move*
le boulanger *baker (m)*
la boulangère *baker (f)*
la boulangerie *bakery*
la boulette (de bœuf) *(beef) meatball*
boulot(te) *(adj) chubby*
brancher *(v) to turn on, to plug in*
le Brésil *Brazil*
brésilien(ne) *Brazilian*
la Bretagne *Brittany*
le bricolage *DIY*
britannique *(adj) British*
le bruit *noise*
Bruxelles *Brussels*
la bruyère *heather*
le bureau *office*
le but *goal, aim*

C

la cacahuète *peanut*
en cadence *in time*
le café *coffee*
le cahier *exercise book*
la calculatrice *calculator*
la campagne *countryside; campaign*
la canne à pêche *fishing rod*
la cantine *canteen*
la capitale *capital*
la capuche *hood*
caritatif(–ve) *(adj) charitable*
la cascade *waterfall*
le casque *headphones*
la casquette *cap*
célèbre *(adj) famous*
le/la célébrité *celebrity*
celtique *(adj) Celtic*
le centre de distribution *distribution centre*
le centre de recyclage *recycling centre*
le centre sportif *sports centre*
le cerf *stag, deer*
la chaîne *channel (e.g. TV, internet)*
la chambre *(bed)room*
le champ *field*
le changement climatique *climate change*

la chanson *song*
le chant *singing*
chanter *(v) to sing*
le chanteur *singer (m)*
la chanteuse *singer (f)*
chaque *(adj) each*
le chat *cat*
le château *castle*
chercher *(v) to look for*
le chien *dog*
le chimpanzé *chimpanzee*
la Chine *China*
chinois(e) *(adj) Chinese*
les chips *crisps*
le chocolat *chocolate*
choisir *(v) to choose*
le choix *choice*
la chorale *choir*
chouette *(adj) great*
le cinéma *cinema*
le citron *lemon*
la classe *class; classroom*
le clavier *keyboard; keypad*
le climat *climate*
le coca *cola*
le cœur *heart*
le coin *corner*
le colibri *hummingbird*
collectionner *(v) to collect*
le collégien *secondary-school pupil (m)*
la collégienne *secondary-school pupil (f)*
la Colombie *Colombia*
la comédie *comedy*
la comédie musicale *musical*
le commencement *beginning*
commencer *(v) to begin*
les Comores *Comoros*
le compagnon *partner (m)*
complètement *completely*
compliqué(e) *(adj) complicated*
comprendre *(v) to understand*
le concours *competition*
confortable *(adj) comfortable*
connaître *(v) to know*
connu(e) *(adj) (well) known*
content(e) *(adj) happy*
le corail *coral*
le costume *outfit, suit*
la côte *coast*
le coton *cotton*
la couleur *colour*
couper *(v) to cut*
courbé(e) *(adj) curved, bent*
la course *race*
faire *(v) les courses to go shopping*
couvert(e) *(adj) de covered in*
le crayon *pencil*
créer *(v) to create*
critique *(adj) critical*
croisé(e) *(adj) crossed*
le cyclisme *cycling*

Glossaire

D

d'accord *all right*
d'habitude *usually*
dangereux(–euse) *(adj) dangerous*
le dauphin *dolphin*
la décomposition *decomposition*
la découverte *discovery*
découvrir *(v) to discover*
le défenseur *defender (m)*
la défenseuse *defender (f)*
au dehors *outside*
déjà *already*
demain *tomorrow*
demeurer *(v) to stay*
le demi-frère *half-brother; step-brother*
la dent *tooth*
depuis *since, for*
le désastre *disaster*
désastreux(–euse) *(adj) disastrous*
désert(e) *(adj) deserted*
le dessin *drawing; design*
le dessinateur de mode *fashion designer (m)*
la dessinatrice de mode *fashion designer (f)*
dessiner *(v) to draw, to design*
devenir *(v) to become*
les devoirs *homework*
le diabolo *soft drink with lemonade and cordial*
difficile *(adj) difficult*
la difficulté *difficulty*
le dinosaure *dinosaur*
le directeur *headteacher*
le disque (en vinyle) *(vinyl) record*
distribuer *(v) to distribute*
le doctorat *doctorate*
donner *(v) to give*
dormir *(v) to sleep*
le dos *back*
le dossier *(case) file*

E

l' eau *water*
les échecs *chess*
écolo *(adj) eco*
écologique *(adj) ecological*
l' électricien *electrician (m)*
l' électricienne *electrician (f)*
élégant(e) *(adj) elegant*
l' éléphant *elephant*
l' élève *pupil*
éliminer *(v) to eliminate*
l' émoticône *emoticon*
émouvant(e) *(adj) moving*
l' emploi *job*
l' empreinte carbone *carbon footprint*
l' énergie *energy*

l' enfant *child*
énorme *(adj) enormous*
enregistrer *(v) to record*
ensemble *together*
ensuite *then*
l' envie *desire*
environ *about, approximately*
épicé(e) *(adj) spicy*
l' équipe *team*
l' équitation *horse riding*
l' erreur *error, mistake*
l' escrime *fencing*
l' Espagne *Spain*
espagnol(e) *(adj) Spanish*
l' espèce *species*
l' estomac *stomach*
les États-Unis *United States of America*
l' été *summer*
l' événement *event*
l' examen *exam(ination)*
exceptionnel(le) *(adj) exceptional*
extraordinaire *(adj) extraordinary*
extrême *(adj) extreme*
extrêmement *extremely*

F

fabriquer *(v) to make*
fabuleux(–euse) *(adj) fabulous*
facile *(adj) easy*
faire *(v)* les magasins *to go shopping*
faire *(v)* partie de *to be part of*
fatigant(e) *(adj) tiring*
félicitations! *congratulations!*
la ferme *farm*
le fermier *farmer*
la fermière *farmer*
la fête *party*
la fille *girl, daughter*
filmer *(v) to film*
le fils *son*
finalement *finally, at last*
la Finlande *Finland*
fixé(e) *(adj) fixed*
le footing *jogging*
la forêt *forest*
la formation *training*
formidable *(adj) wonderful*
fortifié(e) *(adj) fortified*
francophone *(adj) French-speaking*
le froid *cold*
froid(e) *(adj) cold*
le fromage *cheese*
la frontière *border*
fumer *(v) to smoke*

G

gabonais(e) *(adj) Gabonese*
le garage *garage*
le garçon *boy*

garder *(v) to look after*
le gardien de but *goal keeper (m)*
la gardienne de but *goal keeper (f)*
géant(e) *(adj) giant*
génial *(adj) great*
le genre *type, kind, sort*
les gens *people*
gentil(le) *(adj) kind*
le gilet *gilet, waistcoat*
la girafe *giraffe*
la glace *ice cream*
le gobelet *cup*
le gorille *gorilla*
le goût *taste*
goûter *(v) to taste*
la grand-mère *grand-mother*
le grand-père *grand-father*
le graphique *graph, chart*
gratuit(e) *(adj) free of charge*
grave *(adj) serious*
la Grèce *Greece*
la grenouille *frog*
grillé(e) *(adj) grilled*
gros(se) *(adj) big*
le groupe *group*
le guépard *cheetah*
la Guinée *Guinea*
la guitare électrique *electric guitar*
la guitare sèche *acoustic guitar*

H

habiller *(v) to dress, to clothe*
le hamburger-frites *hamburger and chips*
les herbes *herbs*
hésiter *(v) to hesitate*
heureux(-euse) *(adj) happy*
l' hippopotame *hippopotamus*
l' hiver *winter*
hocher *(v)* la tête *to nod (your head)*
l' hôpital *hospital*
l' horreur *horror, loathing*
avoir *(v)* horreur de *to hate*
le houx *holly*
humanitaire *(adj) humanitarian*
l' hymne *anthem*

I

l' idée *idea*
immigrer *(v) to immigrate*
impressionnant(e) *(adj) impressive*
imprimer *(v) to print*
inconnu(e) *(adj) unknown*
incroyable *(adj) unbelievable*
indien(ne) *(adj) Indian*
l' industrie *industry*
l' infirmier *nurse (m)*
l' infirmière *nurse (f)*
informatique *(adj) computer (adj)*

l' ingénieur(e) *engineer*
innovateur *(adj) innovative (m)*
innovatrice *(adj) innovative (f)*
inoubliable *(adj) unforgettable*
inscrire *(v) to join, enrol, sign up*
l' insecte *insect*
inspirant(e) *(adj) inspiring*
installer *(v) to install*
interactif(–ive) *(adj) interactive*
iraquien(ne) *(adj) Iraqi*
ivoirien(ne) *(adj) Ivorian*

J

jaloux(-ouse) *(adj) jealous*
Jamais! *Never!*
le jardin *garden*
le jardinage *gardening*
jaune *(adj) yellow*
le jean *jeans*
jeter *(v) to throw*
le jeu de société *board game*
le jouet *toy*
le jour *day*
le/la journaliste *journalist*
jumeaux *(adj) twin (m)*
jumelles *(adj) twin (f)*

K

kaki *(adj) khaki*

L

le labo(ratoire) *laboratory*
le lac *lake*
laisser *(v) to leave*
le lait de coco *coconut milk*
la langue *language*
la lecture *reading*
le lendemain *the next day*
la lessive *washing*
le Liban *Lebanon*
libre *(adj) free*
lire *(v) to read*
la liste *list*
le lit *bed*
le livre *book*
Londres *London*
longtemps *a long time*
louer *(v) to hire, to rent*
le loup *wolf*
la luge *toboggan, sledge*
lui *him/her*
la Lune *moon*
le lycée *sixth-form college*

M

magique *(adj) magical*
magnifique *(adj) magnificent*

maintenant *now*
mal *(adj) bad*
la maman *mummy, mum*
la mamie *granny*
le mammifère *mammal*
la mangeoire *feeder*
manger *(v) to eat*
manifester *(v) to demonstrate, protest*
le marché *market*
marcher *(v) to walk*
le mariage *wedding*
marié(e) *(adj) married*
marin(e) *(adj) marine*
marrant(e) *(adj) funny*
mauvais(e) *(adj) bad*
le mécanicien *mechanic (m)*
la mécanicienne *mechanic (f)*
méchant(e) *naughty*
le médecin *doctor*
le médicament *medicine, medication*
médiéval(e) *(adj) medieval*
méditerranéen(ne) *(adj) Mediterranean*
meilleur(e) *(adj) best*
le membre *member*
même *(adj) same*
menacer *(v) to threaten*
mener *(v) to lead*
la mer *sea*
la mère *mother*
mesurer *(v) to measure*
le méthane *methane*
le métier *job*
le micro *microphone*
mieux *(adj)* better
la minijupe *mini-skirt*
la Mobylette *moped*
moi *me*
mondial(e) *(adj) global*
la montgolfière *hot-air balloon*
monotone *(adj) monotonous*
la montagne *mountain*
monter *(v) to increase; to put on (play, exhibition)*
la montre *watch*
moulant(e) *(adj) skin-tight, close-fitting*
les moules-frites *mussels and chips*
mourir *(v) to die*
le mousquetaire *musketeer*
le mouvement *movement*
multicolore *(adj) multi-coloured*
le mystère *mystery*
mystérieux(–euse) *(adj) mysterious*

N

naturel(le) *(adj) natural*
nécessaire *(adj) necessary*
la neige *snow*
nettoyer *(v) to clean*
le neurochirurgien *brain surgeon (m)*
la neurochirurgienne *brain surgeon (f)*

le nœud papillon *bow tie*
le nombre *number*
norvégien(ne) *(adj) Norwegian*
la note *mark, grade*
nourrir *(v) to feed*
la nourriture *food*
nouveau(–elle) *(adj) new*
la Nouvelle-Orléans *New Orleans*
la nuit *night*

O

l' océan *ocean*
l' œuf *egg*
l' oignon *onion*
l' oiseau *bird*
omnivore *(adj) omnivorous*
l' oncle *uncle*
l' opération *operation*
l' or *gold*
l' orchestre *orchestra*
ordinaire *(adj) ordinary*
l' ordinateur *computer*
organiser *(v) to organise*
l' origine *origin*
ouvrir *(v) to open*

P

le pain au chocolat *chocolate croissant*
une paire de *a pair of*
le papa *daddy, dad*
le papi *grandad, grandpa*
le papier *paper*
le papillon *butterfly*
par terre *on the ground/floor*
le parachutisme *parachuting*
le parc *park*
parfait(e) *(adj) perfect*
parfaitement *perfectly*
parfois *sometimes*
participer *(v) (à) to participate (in)*
partout *everywhere*
pas tellement *not really*
le passe-temps *hobby*
la patate douce *sweet potato*
le patin à glace *ice skate*
la patinoire *skating rink*
le patrimoine *heritage*
le pays d'origine *country of origin*
le paysage *landscape*
la peinture *painting*
pendant *during, while*
la pensée *thought*
le père *father*
perso *personally*
les personnes handicapées *people with disabilities*
pescétarien(ne) *(adj) pescatarian*
le petit pois *pea*
un peu *a little*

Glossaire

peut-être *perhaps*
le pingouin *penguin*
la plage *beach*
la plante *plant*
planter *(v) to plant*
la plaque *patch*
la plongée *diving*
la plongée avec masque et tuba *snorkelling*
plusieurs *several*
plutôt *rather*
la poche *pocket*
le poème *poem*
la poésie *poetry*
le poids *weight*
le poisson *fish*
polluer *(v) to pollute*
le polo *polo shirt*
populaire *(adj) popular*
le porc *pork*
portable *(adj) portable*
le portable *mobile phone*
porter *(v) to wear; to carry*
possessif (–ive) *(adj) possessive*
le poste *job, post*
poster *(v) to post*
la poubelle *dustbin*
la poule *hen*
le pouls *pulse*
la poupée *doll*
la poutine *chips with cheesy sauce*
pratique *(adj) practical*
préféré(e) *(adj) favourite*
le prénom *forename, first name*
préparer *(v) to prepare*
préserver *(v) to preserve*
le président *president*
primaire *(adj) primary*
la principauté *principality*
le printemps *spring*
le problème *problem*
prochain(e) *(adj) next*
produire *(v) to produce*
le professeur *teacher*
profiter *(v) de to take advantage of, make the most of*
progresser *(v) to progress, make progress*
la promenade *walk*
le pronom *pronoun*
la protection *protection*
le pull *jumper*

Q

la qualité *quality*
la quantité *quantity*
quitter *(v) to leave*

R

le radeau *raft*
raisonnable *(adj) reasonable*
ranger *(v) to tidy*
rapide *fast*
rapporter *(v) to bring back*
rebelle *(adj) rebellious*
récemment *recently*
la recette *recipe*
recevoir *(v) to receive*
à la recherche de *looking for*
rechercher *(v) to research*
le récif de corail *coral reef*
la récré *break(-time)*
en recto verso *double-sided*
recycler *(v) to recycle*
réfléchir *(v) to think*
réfugié(e) *(adj) refugee*
le/la réfugié(e) *refugee*
regarder *(v) to watch*
le régime *diet*
la règle *ruler*
regretter *(v) to regret*
rejeté(e) *(adj) rejected*
rejoindre *(v) to join*
relaxant(e) *(adj) relaxing*
relire *(v) to re-read*
le renard *fox*
rencontrer *(v) to meet*
rendre *(v) visite à to visit (someone)*
le renne *reindeer*
la rentrée *start of school year*
réparer *(v) to repair*
le repas *meal*
répéter *(v) to repeat; to rehearse*
représenter *(v) to represent*
la république *the republic*
les réseaux sociaux *social networks*
respectueux (–euse) *(adj) respectful*
le resto *restaurant*
réutiliser *(v) to reuse*
le rêve *dream*
riche *(adj) rich*
Rien! *Nothing!*
rigoler *(v) to have a laugh*
la rivière *river*
romantique *(adj) romantic*
rouge *(adj) red*
la Russie *Russia*

S

s'allonger *(v) to lie down*
s'il te plaît *please*
s'il vous plaît *please (plural or polite)*
le sac à main *handbag*
sage *good, well behaved*
la saison *season*
la salle de classe *classroom*
la salle de réunion *assembly hall*

sans *without*
sauf *except*
le saxo *saxophone*
scolaire *(adj) school*
se retrouver *(v) to meet up*
se sentir *(v) to feel*
le/la secrétaire *secretary*
la semaine *week*
le Sénégal *Senegal*
sensibiliser *(v) to raise awareness among*
sérieusement *seriously*
le serpent *snake*
la serre *greenhouse*
la serviette *towel*
le short *shorts*
la société *society*
la sœur *sister*
le sondage *survey*
sophistiqué(e) *(adj) sophisticated*
sortir *(v) to go out*
sortir *(v) to bring out (e.g. an album)*
le Soudan *Sudan*
sous-marin(e) *(adj) under-water*
souvent *often*
les spaghettis *spaghetti*
la spécialité *speciality*
le spectacle *show*
spectaculaire *(adj) spectacular*
le sportif *sporty person (m)*
la sportive *sporty person (f)*
le stade *stadium*
stimulant(e) *(adj) stimulating*
stressant(e) *(adj) stressful*
stressé(e) *(adj) stressed*
la Suisse *Switzerland*
suisse *(adj) Swiss*
le supermarché *supermarket*
supplémentaire *(adj) supplementary, additional*
le surf *surfing*
surnommé(e) *(adj) nicknamed*
le sweat à capuche *hoodie*
la Syrie *Syria*
syrien(ne) *(adj) Syrian*

T

le tapis *carpet*
tard *late*
la tarte aux pommes *apple tart*
tchatter *(v) to chat (online)*
télécharger *(v) to download*
la température *temperature*
le temps *time*
le terrain *pitch*
la Terre *Earth*
tester *(v) to test*
le thé *tea*
le théâtre *theatre*
le tigre *tiger*

134 *cent-trente-quatre*

timide *(adj)* *shy*
la **tomate** *tomato*
la **tombe** *grave, tomb*
toujours *always, still*
la **tour** *tower*
le tour *tour*
la **tournée** *tour (e.g. pop group)*
tout à fait *absolutely*
traduire *(v)* *to translate*
le traîneau *sleigh*
le traitement *treatment*
le trajet *journey*
la **tranche** *slice*
transporter *(v)* *to transport*
le travail *work*
tricoter *(v)* *to knit*
trier *(v)* *to sort (out)*
triste *(adj)* *sad*
la **trompette** *trumpet*
trouver *(v)* *to find*
la **Tunisie** *Tunisia*
typique *(adj)* *typical*

U

l' **utilisation** (de) *use (of)*

V

en vacances *on holiday*
la **vache** *cow*
la **valeur** *value*
la **vanille** *vanilla*
végan(e) *(adj)* *vegan*
le vélo *bicycle*
venimeux (–euse) *(adj)* *venomous*
venir *(v)* *to come*
vérifier *(v)* *to check*
le verlan *kind of French slang*
le vers *verse*
vert(e) *(adj)* *green*
la **veste** *jacket*
les vêtements *clothes*
la **victoire** *victory*
la **ville** *town*
le violon *violin*
la **voile** *sail, sailing*
voir *(v)* *to see*
voisin(e) *(adj)* *neighbouring*
le voisin *neighbour (m)*
la **voisine** *neighbour (f)*
le volleyball *volleyball*
le/la volontaire *volunteer*
le voyage *journey*
voyager *(v)* *to travel*
vraiment *really*

Z

le zèbre *zebra*
le zoo *zoo*

Instructions

Adapte (les phrases / la carte mentale) …	Adapt (the sentences / the mind map) …
Associe (les phrases et les images) …	Match (the sentences and the pictures) …
Change les détails soulignés …	Change the underlined details …
Choisis (la bonne réponse / une photo) …	Choose (the right response / a photo) …
Copie et complète (le tableau / les phrases).	Copy and complete (the table / the sentences).
Copie et traduis …	Copy and translate …
Corrige l'erreur …	Correct the error …
Décris (la photo / ton meilleur copain ou ta meilleure copine) …	Describe (the photo / your best friend) …
Discute (en anglais).	Discuss (in English).
Donne (deux raisons différentes).	Give (two different reasons).
Écoute (encore une fois) et vérifie.	Listen (again) and check.
Écoute et décide si chaque personne est positive (P), négative (N) ou les deux (P et N).	Listen and decide if each person is positive (P), negative (N) or both (P and N).
Écoute et fais le jeu de rôle.	Listen and do the role play.
Écoute et note …	Listen and note …
Écoute et lis …	Listen and read …
Écoute … Qui parle?	Listen … Who is speaking?
Écris des phrases …	Write sentences …
Écris (la bonne lettre / le bon prénom / des notes).	Write (the right letter / the right name / some notes).
En groupe.	In a group.
En tandem.	In pairs.
Fais une conversation (avec ton/ta partenaire).	Have a conversation (with your partner).
Identifie les trois phrases vraies.	Identify the three true sentences.
Interviewe ton/ta camarade.	Interview your classmate.
Jeu de mémoire.	Memory game.
Lis … à haute voix.	Read … out loud.
Lis et complète le texte.	Read and complete the text.
Lis le texte et réponds aux questions (en anglais).	Read the text and answer the questions (in English).
Lis … Qui parle?	Read … Who is speaking?
Mets … dans le bon ordre.	Put … in the right order.
Parle de …	Speak about …
Puis écoute et vérifie.	Then listen and check.
Puis chante!	Then sing!
Qu'est-ce qu'il y a sur la photo?	What is in the photo?
Recopie et traduis …	Copy out and translate …
Regarde la photo / l'image et prépare tes réponses aux questions.	Look at the photo / the image and prepare your answers to the questions.
Relis …	Re-read …
Traduis le texte / ces phrases en français.	Translate the text / these sentences into French.
Traduis en anglais / français …	Translate into English / French …
Trouve les paires / les verbes / les phrases.	Find the pairs / the verbs / the sentences.
Trouve les trois phrases qui sont vraies.	Find the three sentences that are true.
Utilise le texte comme modèle.	Use the text as a model.
Vrai ou faux?	True or false?